AF325057

ENSEIGNEMENT RATIONNEL

DE

LA MUSIQUE

PRINCIPES ÉLÉMENTAIRES

DE

L'ART MUSICAL

ENSEIGNEMENT RATIONNEL

DE LA MUSIQUE

Ouvrage honoré d'une souscription du Ministère de l'Instruction publique.

SECONDE PARTIE

COURS DE MUSIQUE VOCALE

divisé en trois lettres

Lettre A

PAR

PAUL ROY

Prix net: **3**f »

CHEZ HENRY-ABEL SIMON

Bureaux du Journal *l'Orphéon*, rue des Martyrs, nᵒ 13

PARIS

1877

T.LEBLANG,GR.

PRÉFACE.

L'enseignement de la musique vocale comprend trois sujets d'étude bien distincts : l'intonation, le rhythme et la théorie.

Logiquement, l'intonation et le rhythme doivent être abordés séparément si l'on veut étudier la musique d'une manière sérieuse; mais, comme les exercices spéciaux offrent une certaine aridité, et que, dans un cours élémentaire, il est indispensable de rendre le travail attrayant, nous avons pensé qu'il convenait de présenter l'étude du rhythme sous une forme mélodique, qui, en intéressant les élèves, se fixe dans leur mémoire, et, par les points de comparaison qu'elle établit dans l'esprit, permet de les exercer au fur et à mesure sur le rhythme et l'intonation séparés.

Afin de laisser aux professeurs une entière liberté dans la direction des études, nous avons divisé ce livre en trois sections indépendantes l'une de l'autre.

La première section, sauf quelques exercices préliminaires sur la lecture, a pour objet principal le rhythme; soit isolé, soit réuni à l'intonation. On y trouvera un grand nombre d'airs simples, faciles à chanter, et notés successivement sous plusieurs formes rhythmiques; en faisant observer que, quoique le mode de représentation soit différent, il est fondé sur un principe unique, *les rapports de durée que tous les signes ont entre eux*, les élèves comprennent promptement l'esprit de la notation rhythmique et les difficultés s'applanissent d'elles-mêmes. Cette section contient deux séries de solféges avec accompagnement; la première sans division des temps, la seconde avec les moitiés, tiers, quarts et sixièmes de temps.

La seconde section est exclusivement composée d'exercices d'intonation dégagés de toute idée rhythmique, et présentés sous une forme assez aride pour nécessiter une plus grande attention. Nos exercices d'intonation sont écrits dans tous les tons, parce que, à notre avis, il est important de ne pas chanter longtemps dans le même ton, afin d'habituer les élèves à suivre promptement l'impulsion donnée par une simple cadence de préparation, et, en outre, de les pénétrer de cette idée, que les dièzes et les bémols ne sont pas plus difficiles à chanter que les notes naturelles lorsqu'ils remplissent des fonctions diatoniques.

La troisième section contient les notions théoriques les plus indispensables à connaître, et, de plus, quelques exercices théoriques journaliers dont l'emploi nous a toujours donné les meilleurs résultats.

Il nous a semblé logique d'employer au début la *mesure à un temps*, parce qu'elle apporte une grande facilité dans les démonstrations; toutefois, les professeurs qui ne partagerons pas cette manière de voir pourront sans inconvénient passer ces premiers exercices.

Il en pourra être de même pour les exercices de rhythme; notre façon d'étudier la mesure n'est pas dans les habitudes de beaucoup de musiciens, et, quoiqu'elle nous ait toujours paru le moyen le plus sûr et le plus prompt pour développer le sentiment du rhythme, nous admettons très-bien qu'on préfère en employer d'autres. Cela ne touche en rien le fond même de notre Méthode, qui est de *donner a l'étude élémentaire du Solfége un attrait immédiat* en employant exclusivement des airs dont l'intonation et le rhythme sont faciles à retenir, tout en revêtant des formes assez compliquées.

Dans la lettre **B**, qui fera suite au présent livre, nous traiterons toutes les difficultés de rhythme, d'intonation et de lecture que comporte l'étude du haut Solfége. La lettre **C** contiendra les principes de musique, ou la Théorie.

COURS DE MUSIQUE VOCALE

LETTRE A.

SECTION 1.

LECTURE ET RHYTHME.

ETUDE PRÉLIMINAIRE POUR LA LECTURE DES NOTES.

Avant de commencer l'étude du Rhythme, il est utile de faire connaître à l'élève le principe qui doit le guider dans la lecture des notes.

La *portée* représente une suite de degrés correspondant à l'échelle des sons. Chaque ligne et chaque interligne compte pour un degré.

Les noms des notes placées sur les degrés consécutifs de la portée se succèdent toujours dans l'ordre suivant:

Do, Ré, Mi, Fa, Sol, La, Si, Do, Ré, Mi, Fa, Sol, La, Si, &, en montant;

Do, Si, La, Sol, Fa, Mi, Ré, Do, Si, La, Sol, Fa, Mi, Ré, Do, &, en descendant.

PRINCIPE DE LA LECTURE DES NOTES. [1]

Lorsque l'on connait le nom d'une note, il suffit, pour trouver le nom de toute autre note, de calculer le nombre de degrés qui l'en séparent, soit en montant soit en descendant.

[1] Quoique la lecture des notes ne puisse s'acquérir promptement que par la pratique du Solfège, il est indispensable d'exercer l'élève à trouver le nom des notes dans toute l'étendue de l'échelle par la comparaison avec des notes connues, afin que, plus tard, il ait toujours un moyen sûr de déterminer le nom des notes qui lui seraient peu familières.

Succession de notes
en montant.

Succession de notes
en descendant.

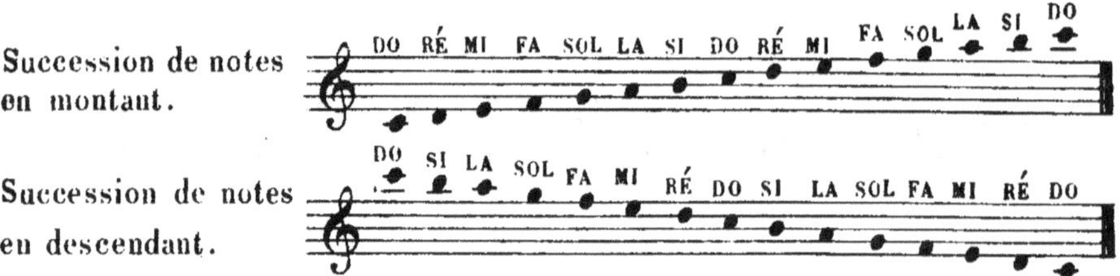

EXERCICES

POUR APPRENDRE A NOMMER LES NOTES A LA CLEF DE SOL.

On nommera les notes dans un mouvement modéré, mais très-égal, en s'arrêtant sur la dernière note de chaque mesure.

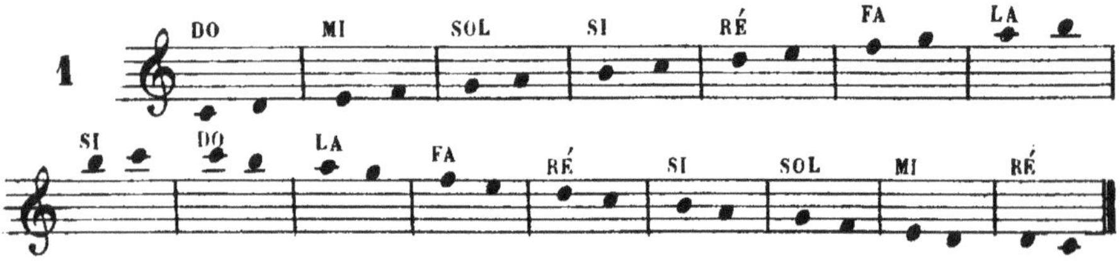

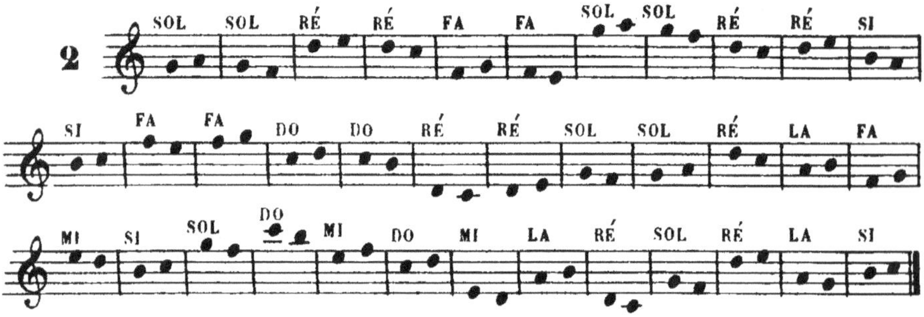

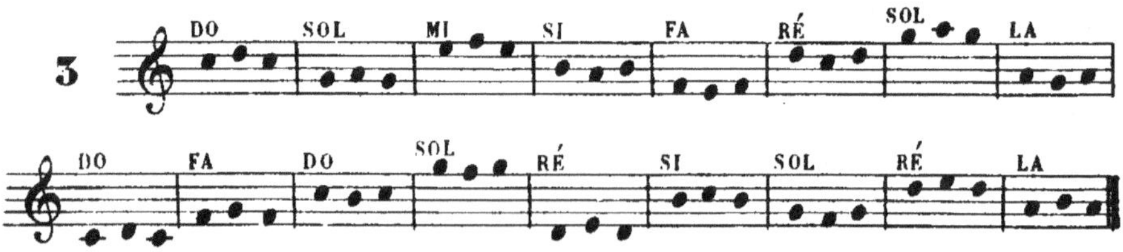

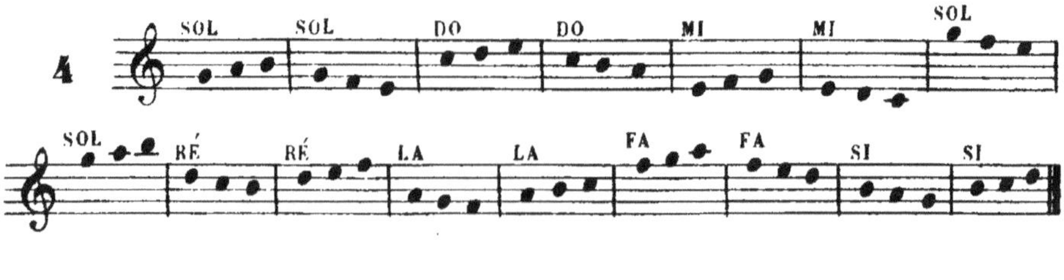

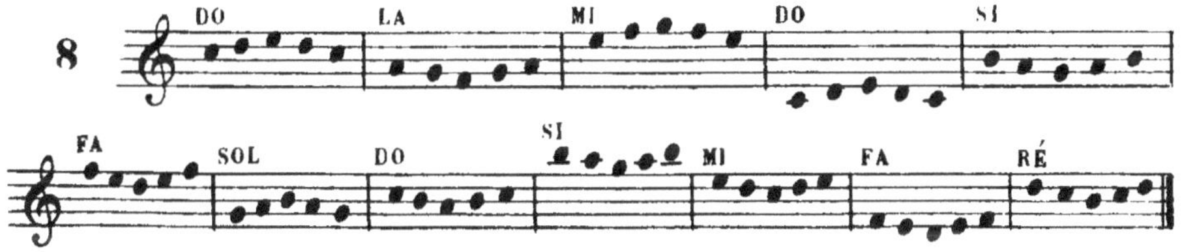

Chaque mesure des exercices suivants doit être lue deux fois de suite.
La première fois, en nommant toutes les notes; la seconde fois en ne nommant que les grosses, mais en laissant écouler un temps pour chaque peti-
te note.

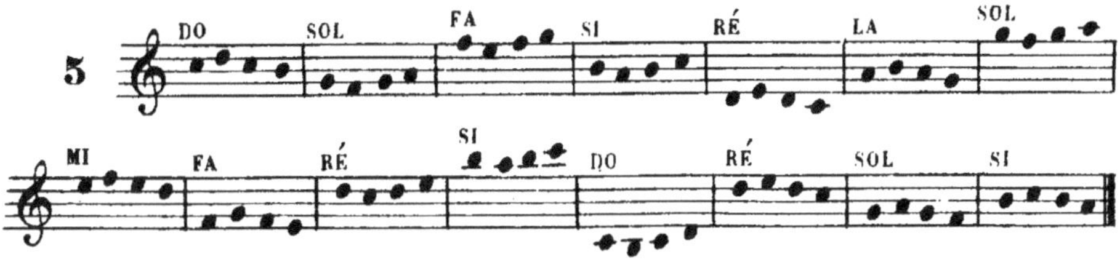

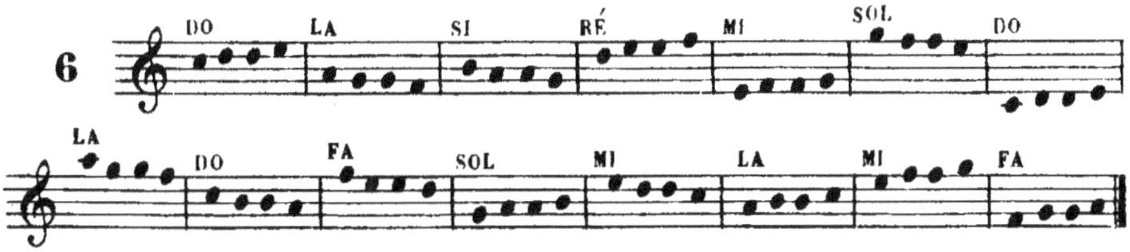

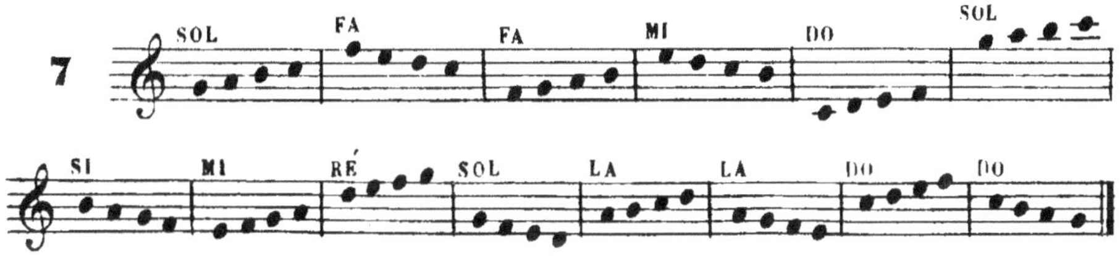

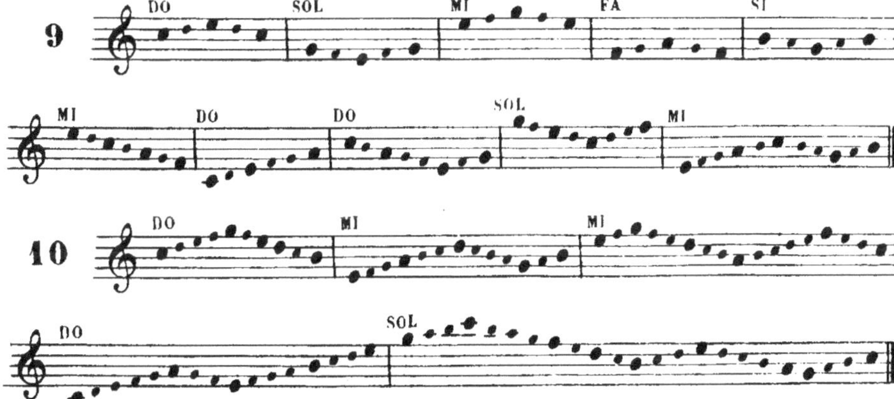

On emploie, pour écrire la musique, sept figures de notes, qui sont:

La ronde................................ O

La blanche............................. ρ

La noire................................. ♩

La croche.............................. ♪

La double croche.................... ♬

La triple-croche...................... ♬

La quadruple croche................ ♬

Chacun de ces signes indique une durée double de celle qui est représentée par le signe suivant.

Ainsi, lorsque l'on convient que la noire durera *une seconde*,

La croche durera une demi-seconde,

La double croche, un quart de seconde, &.

La blanche durera deux secondes,

La ronde, quatre secondes.

Si l'on convient que la blanche durera une seconde,

La noire durera une demi seconde,

La croche, un quart de seconde, &.

On emploie également sept figures de silences, qui sont:

La pause...............	dont la durée égale celle de	La ronde............ O
La demi pause........		La blanche.......... ρ
Le soupir.............		La noire............ ♩
Le demi-soupir.......		La croche........... ♪
Le quart de soupir.....		La double croche...... ♬
Le huitième de soupir...		La triple croche....... ♬
Le seizième de soupir...		La quadruple croche.... ♬

DES DIFFÉRENTES MESURES.

Les mesures se divisent en mesures *simples* et mesures *composées*.

On les indique généralement par deux chiffres, un *numérateur* et un *déno-minateur*.

EXEMPLE:

$$\frac{1}{1}\ \frac{1}{2}\ \frac{1}{4}\ \frac{2}{4}\ \frac{2}{8}\ \frac{3}{2}\ \frac{3}{4}\ \frac{3}{8}\ \frac{4}{2}\ \frac{4}{4}\ \frac{4}{8}\ \frac{6}{2}\ \frac{6}{4}\ \frac{6}{8}\ \frac{9}{4}\ \frac{9}{8}\ \frac{12}{4}\ \frac{12}{8}\ \frac{12}{16}$$

Dans les mesures *simples*, le chiffre supérieur (*numérateur*) est toujours 1, 2, 3 ou 4; il indique le nombre de *temps* contenus dans la mesure Ainsi, $\frac{1}{2}$, $\frac{1}{4}$, $\frac{1}{8}$, signifie que la mesure est à un temps; $\frac{2}{2}$, $\frac{2}{4}$, $\frac{2}{8}$ que la mesure est à deux temps; $\frac{3}{2}$, $\frac{3}{4}$, $\frac{3}{8}$ que la mesure est à trois temps; $\frac{4}{2}$, $\frac{4}{4}$, $\frac{4}{8}$ que la mesure est à quatre temps.

Le chiffre inférieur (*dénominateur*) désigne la figure qui doit représenter chaque temps; cette figure étant considérée comme une fraction de la ronde.

Correspondance du chiffre inférieur avec les figures de notes ou de silences:

$$\frac{1}{1}\qquad\frac{1}{2}\qquad\frac{1}{4}\qquad\frac{1}{8}\qquad\frac{1}{16}$$

TABLEAU DES MESURES SIMPLES.[1]

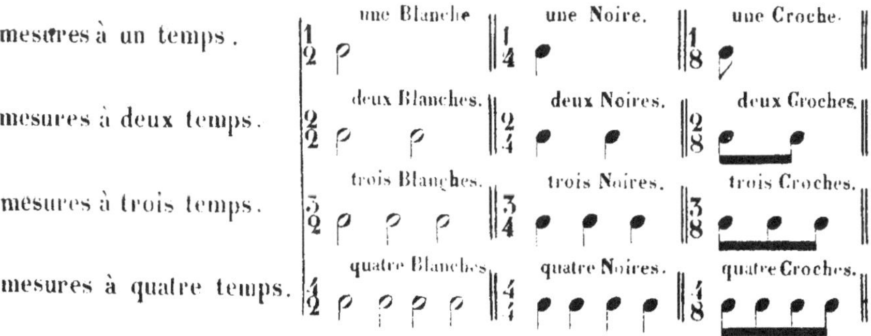

mesures à un temps.

mesures à deux temps.

mesures à trois temps.

mesures à quatre temps.

(1) Par abréviation, on marque 2 ou ¢ pour $\frac{2}{2}$, 3 pour $\frac{3}{4}$, et 4 ou C pour $\frac{4}{4}$.

MESURES A UN TEMPS.

EXERCICES DE RHYTHME.

Pour marquer la mesure à un temps, il suffit de frapper avec la main des coups à intervalles égaux.

On nommera chaque temps en disant *un* pour les notes et *chut* pour les silences.

mesure à un-deux

mesure à un-quatre

mesure à un-huit

Lorsque deux notes sont réunies par une liaison, on ne doit pas nom--mer la seconde.

Tous les exercices chantés doivent être étudiés de la manière suivante:

1º En exprimant le rhythme;

2º En nommant les notes sans les chanter;

3º En chantant les notes.

Avant de commencer, l'élève indiquera la mesure, le nombre de temps, et la figure qui représente le temps, soit en note, soit en silence.

EXEMPLE

L'élève dira: un-deux, mesure simple à un temps, le temps est représen-té par la blanche ou la pause.

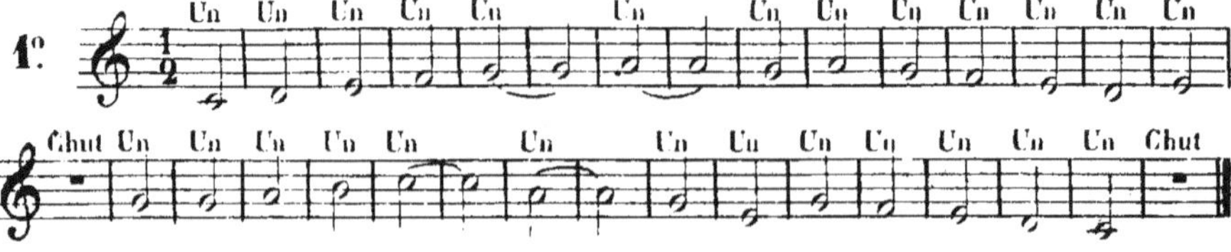

1 On fera remarquer à l'élève que le silence d'une mesure entière est toujours représenté par la pause.

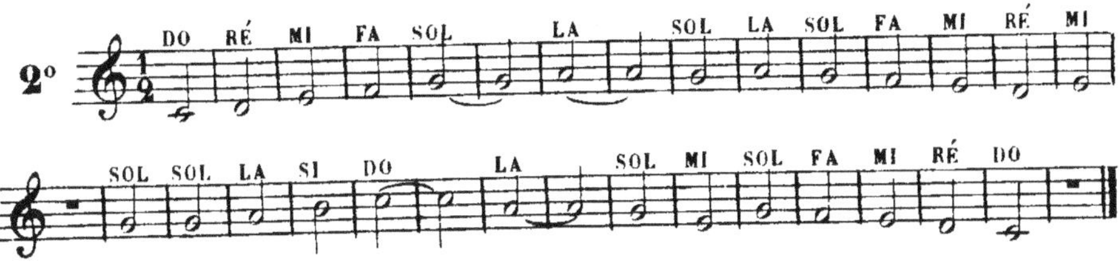

3º En solfiant, c'est-à-dire en chantant les notes.

SOLFÉGES.

OU EXERCICES CHANTÉS. [1]

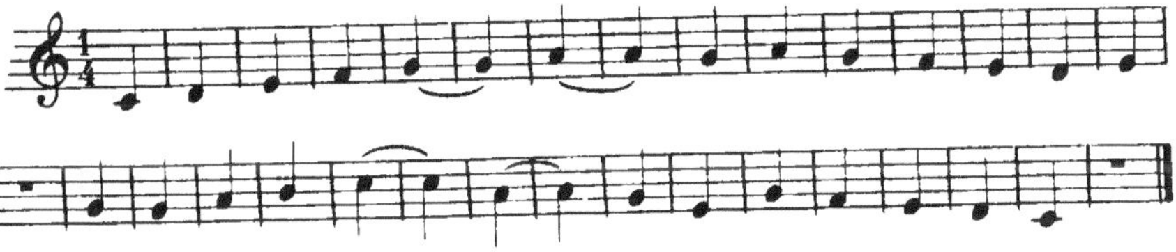

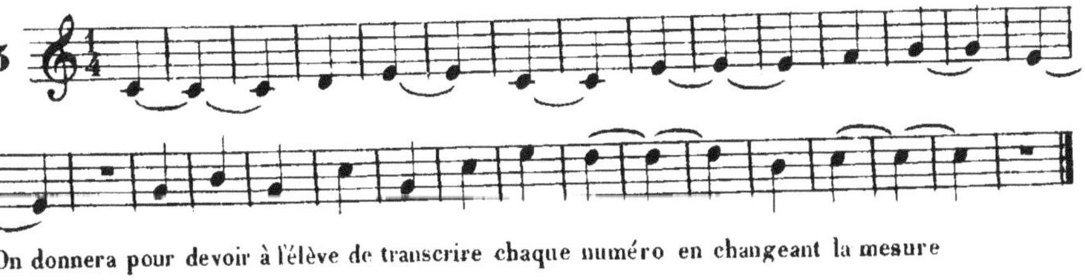

(1) On donnera pour devoir à l'élève de transcrire chaque numéro en changeant la mesure

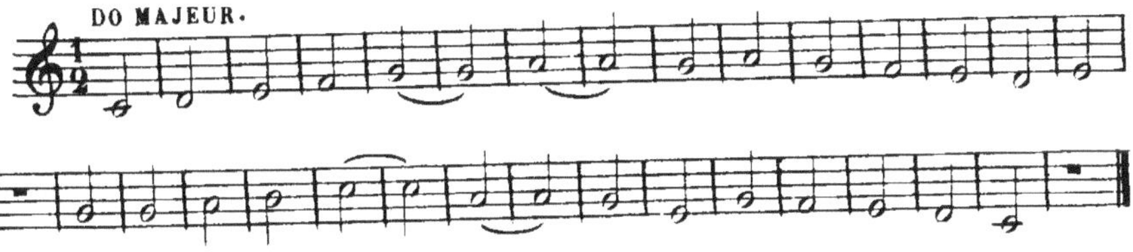

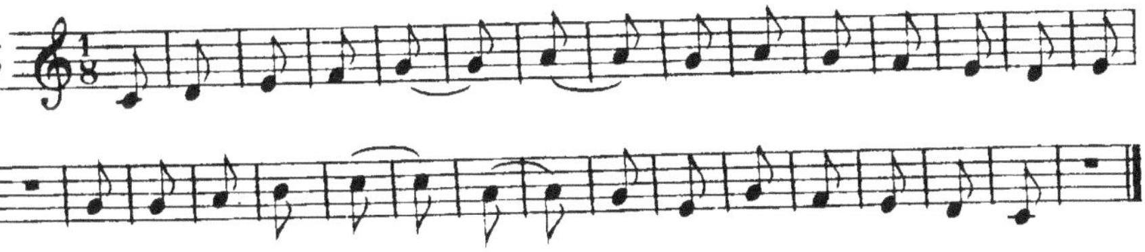

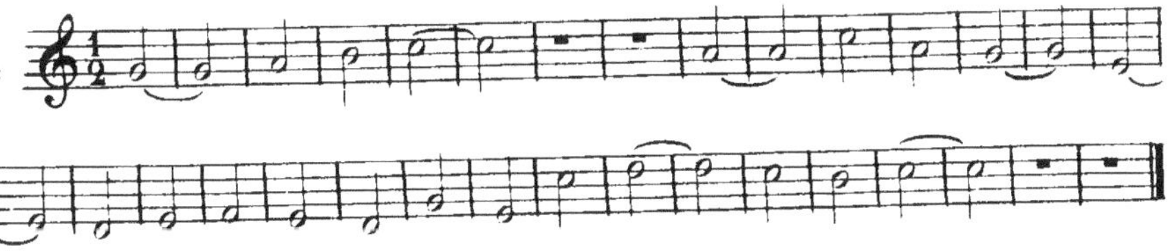

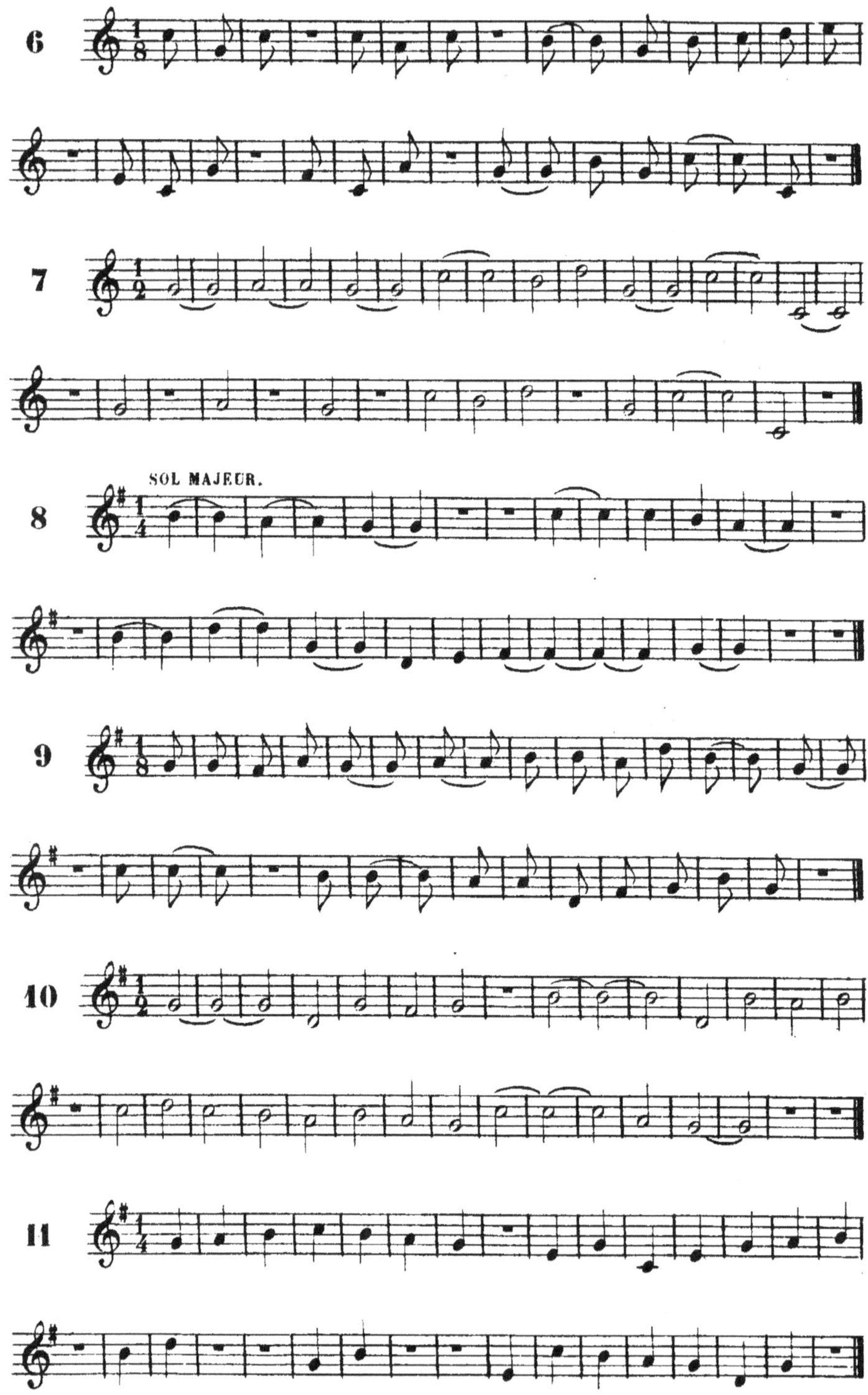
6
7
8
SOL MAJEUR.
9
10
11

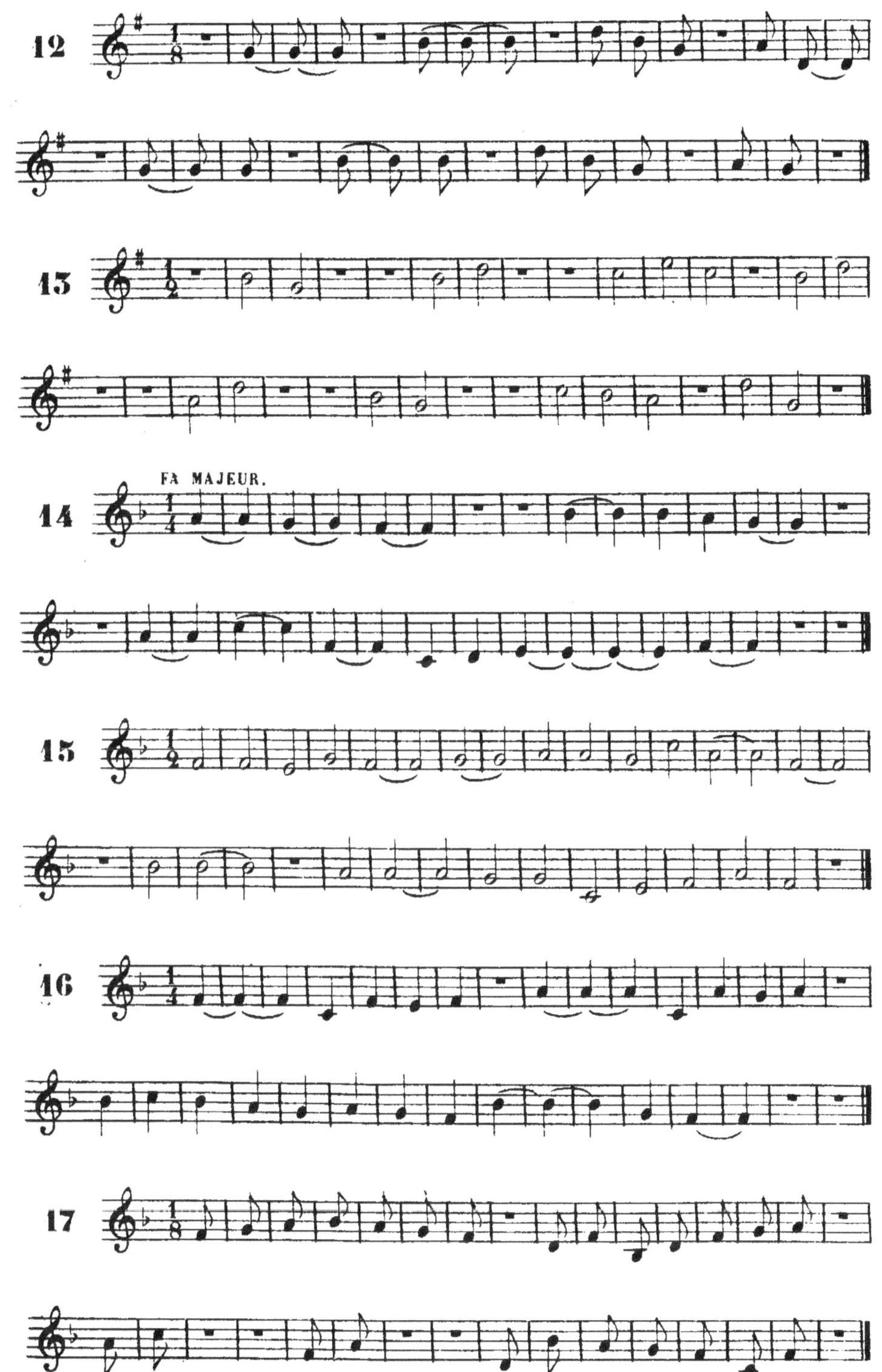
FA MAJEUR.

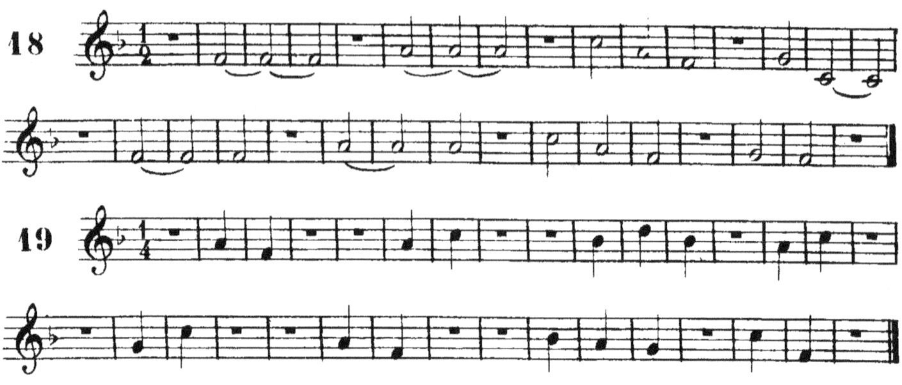

MESURES SIMPLES A DEUX TEMPS.

On bat la mesure à deux temps avec la main droite, en frappant pour le premier temps, et en levant pour le deuxième.

Dans les exercices de rhythme, on désigne les notes en disant *un* pour le premier temps, et *deux* pour le second. Les silences s'expriment toujours par le mot *chut*. (1)

EXERCICES DE RHYTHME.

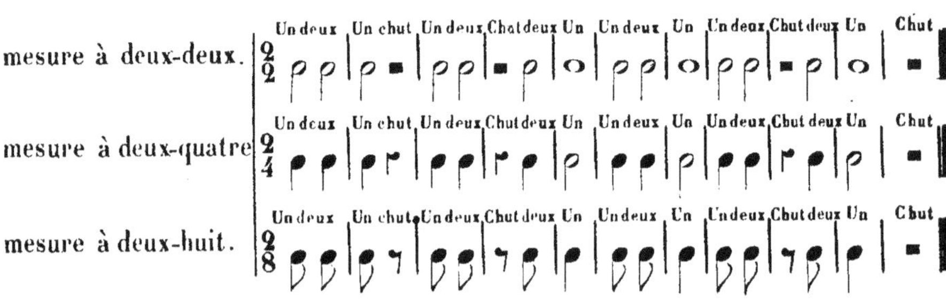

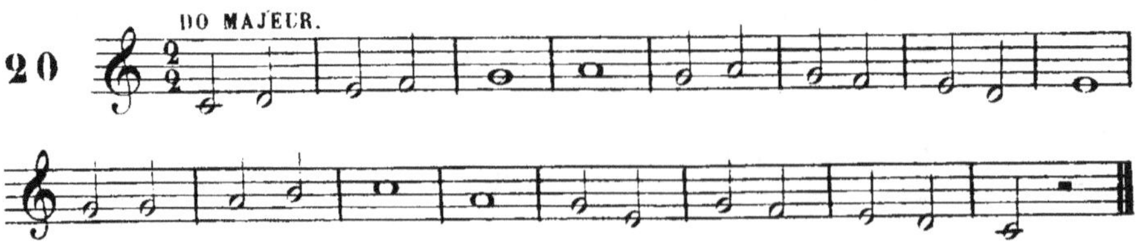

(1) Lorsque le rhythme est bien su, on peut supprimer le mot *Chut*.

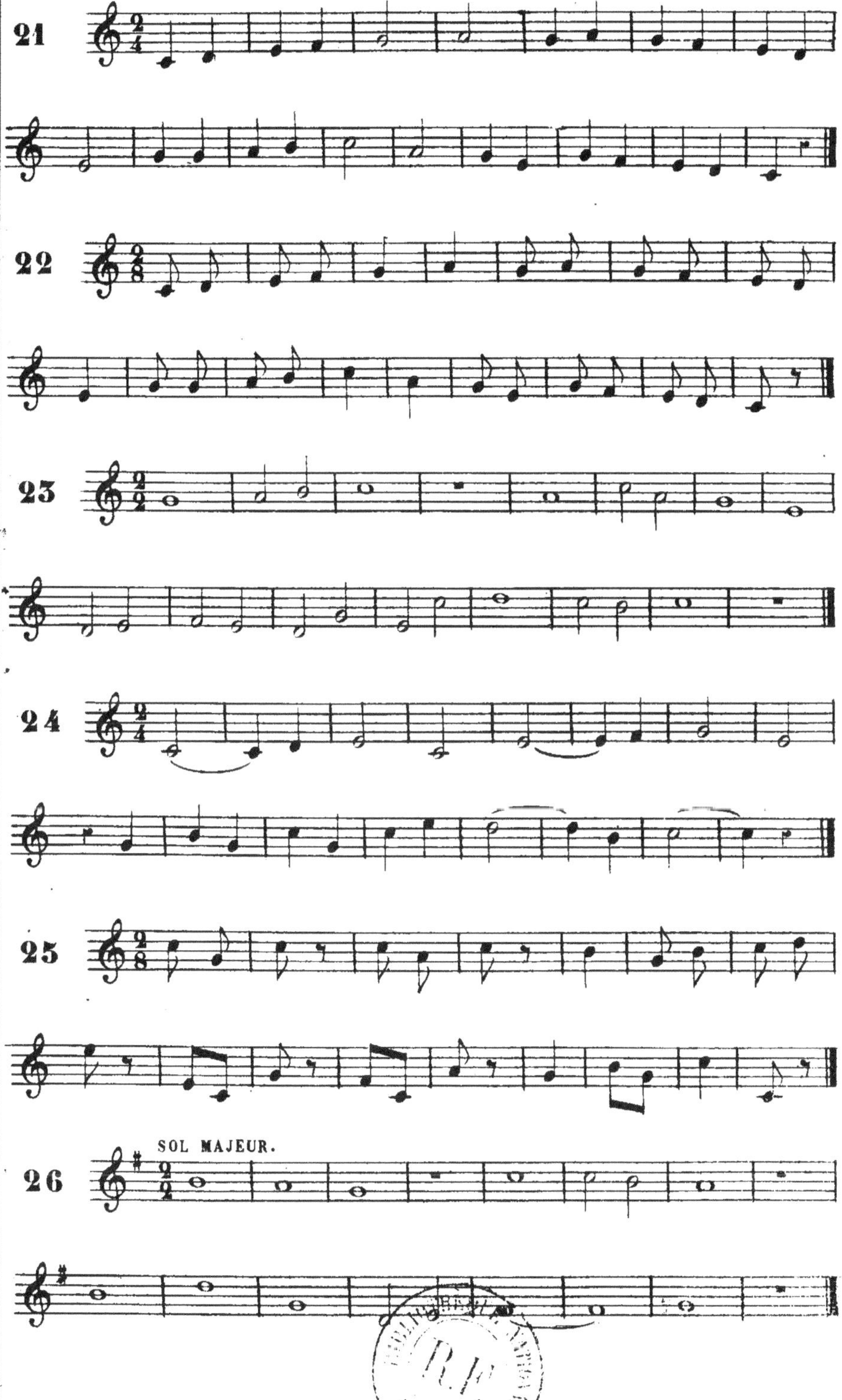
21
22
23
24
25
26
SOL MAJEUR.

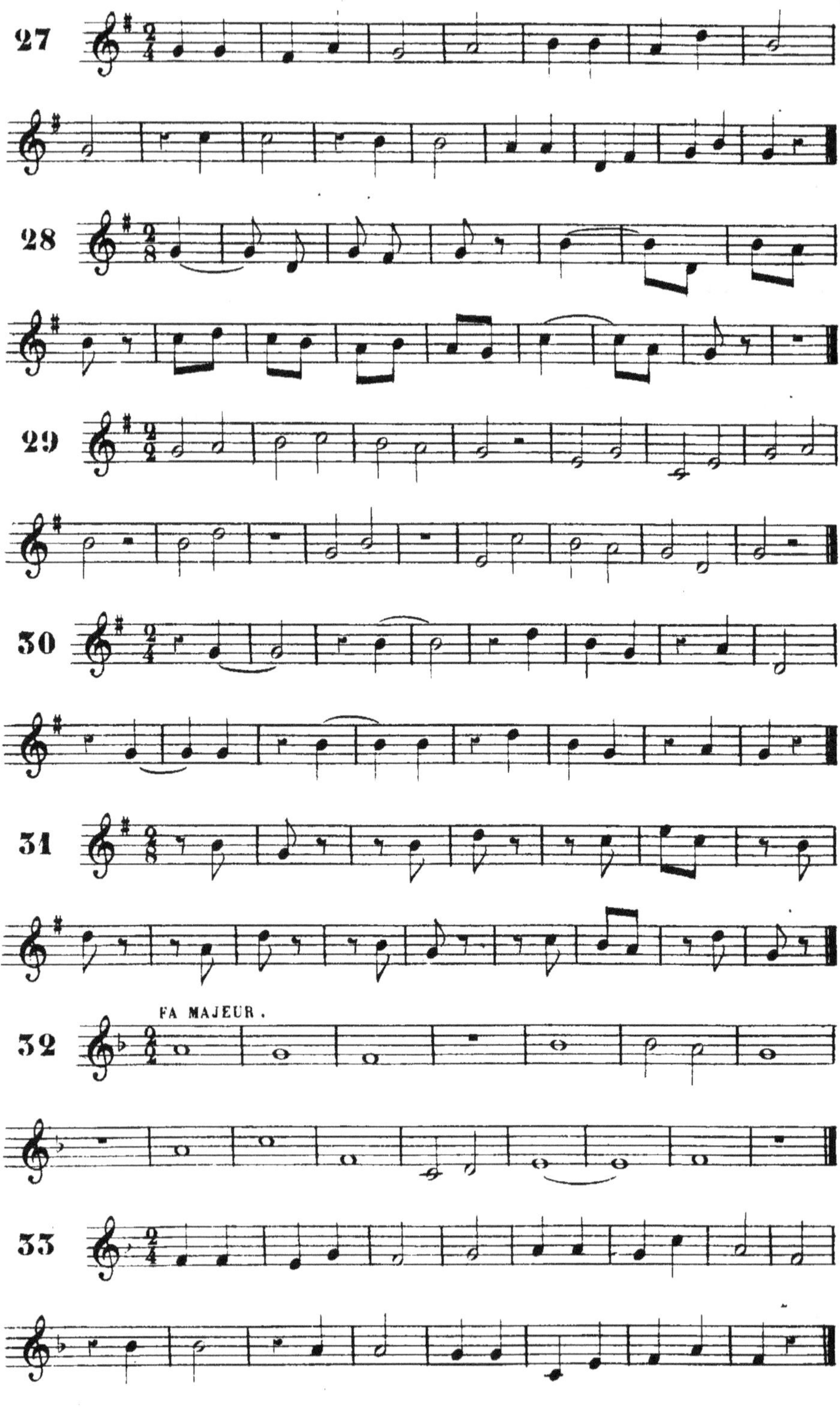
27
28
29
30
31
FA MAJEUR.
32
33

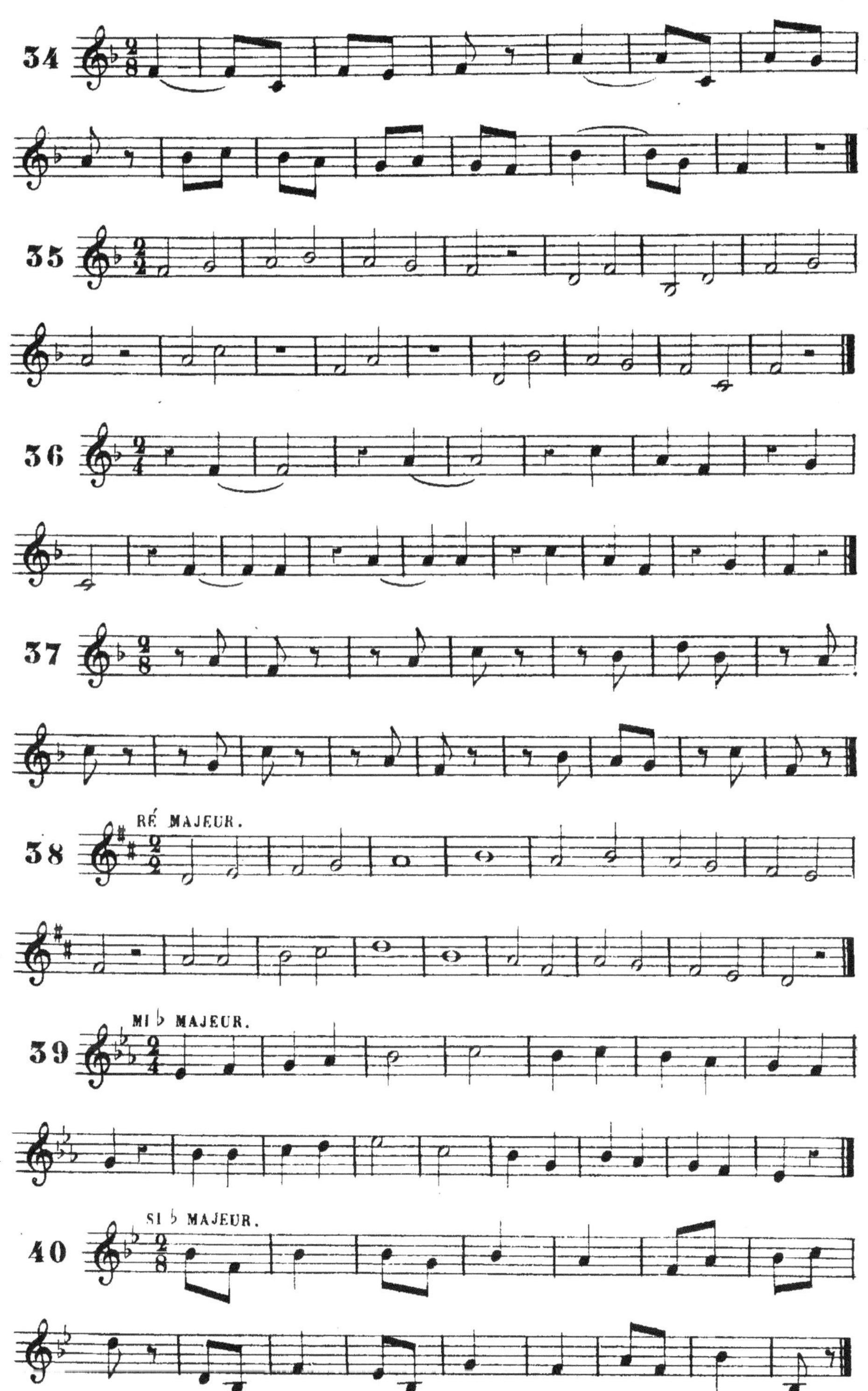
34
35
36
37
38   RÉ MAJEUR.
39   MI ♭ MAJEUR.
40   SI ♭ MAJEUR.

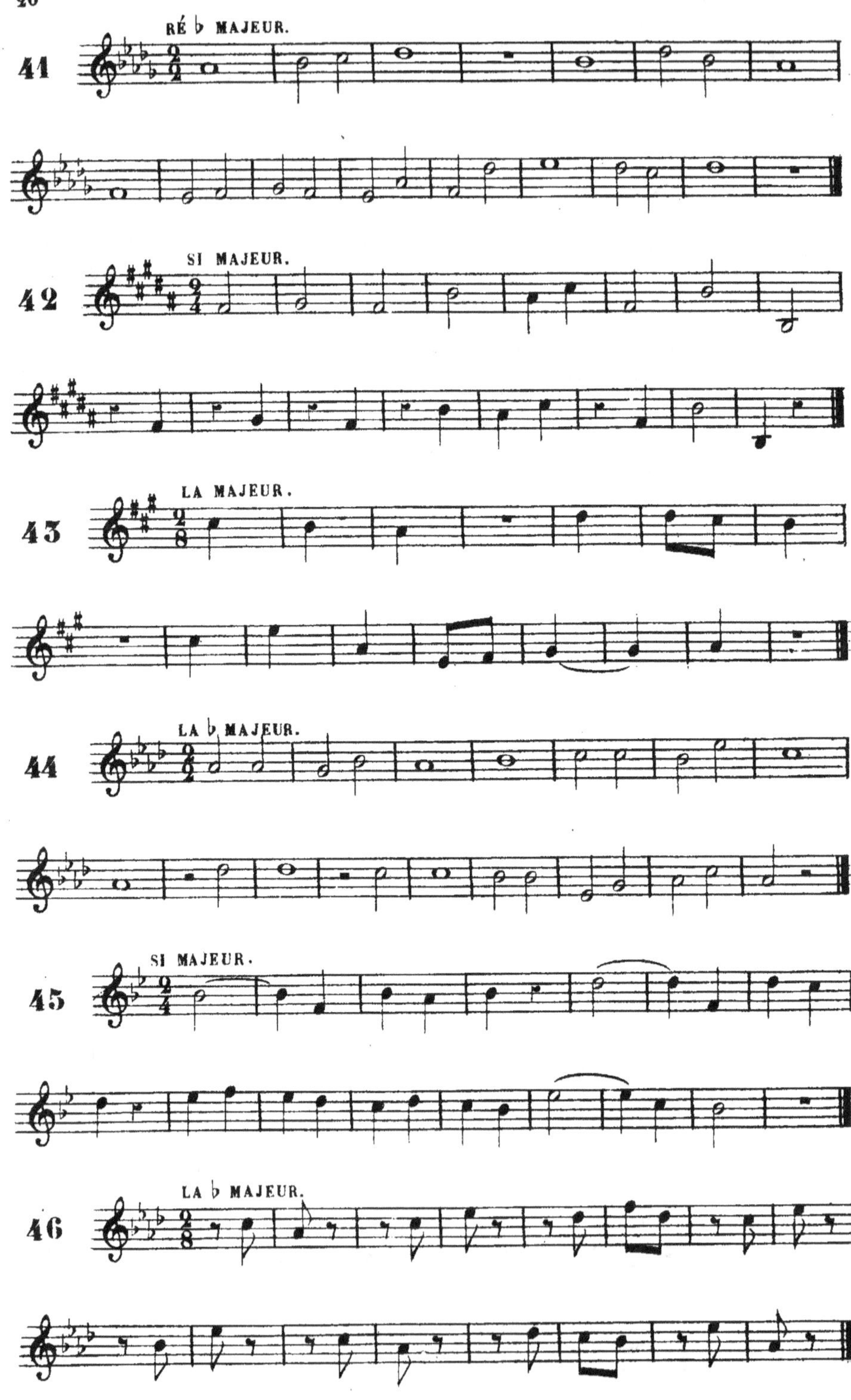
RÉ♭ MAJEUR.
41
SI MAJEUR.
42
LA MAJEUR.
43
LA♭ MAJEUR.
44
SI MAJEUR.
45
LA♭ MAJEUR.
46

MESURES SIMPLES À TROIS TEMPS.

On bat la mesure à trois temps, en frappant pour le premier temps, portant la main à droite pour le second, et en levant pour le troisième.

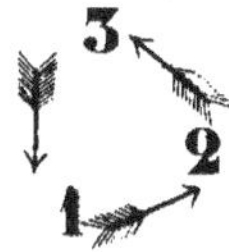

Lorsqu'on exécutera le rhythme d'un exercice, on dira *un*, *deux* ou *trois* pour les notes, et *chut* pour les silences.

Mesure à trois.deux.

Mesure à trois-quatre

Mesure à trois-huit

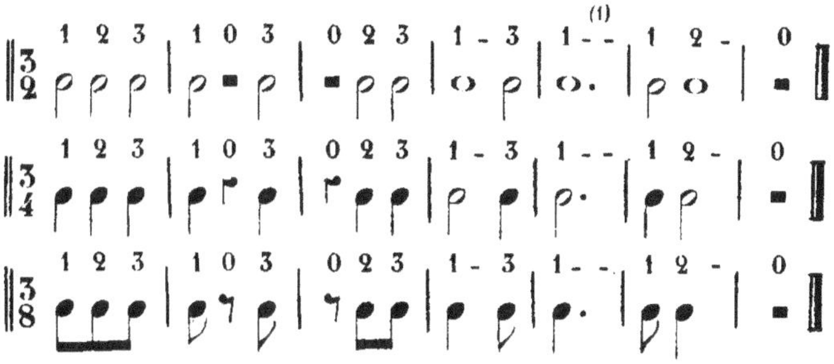

DO MAJEUR.

47

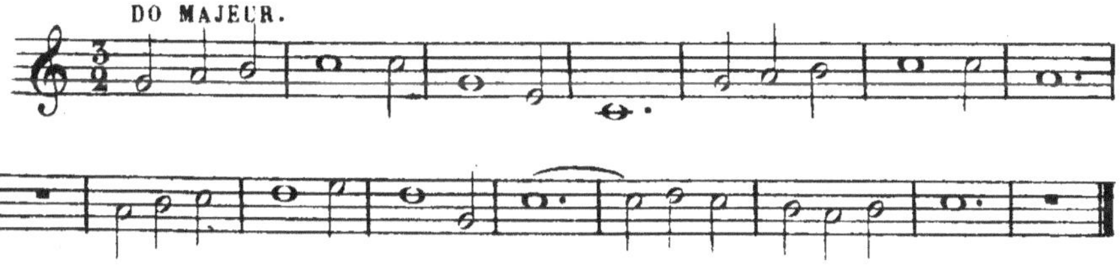

48

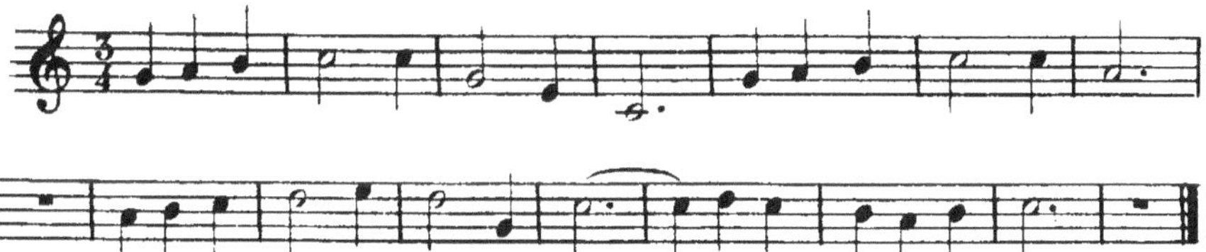

49

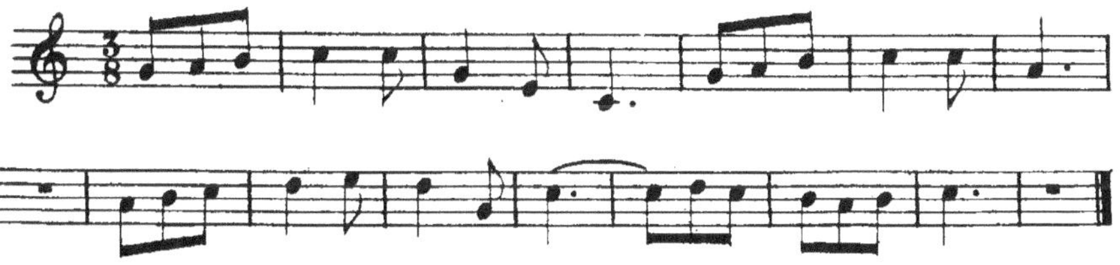

(1) Le *point* . placé après une note ou un silence augmente sa durée de moitié. Ainsi, la ronde pointée vaut trois blanches; la blanche pointée vaut trois noires, la noire pointée vaut trois croches; &.

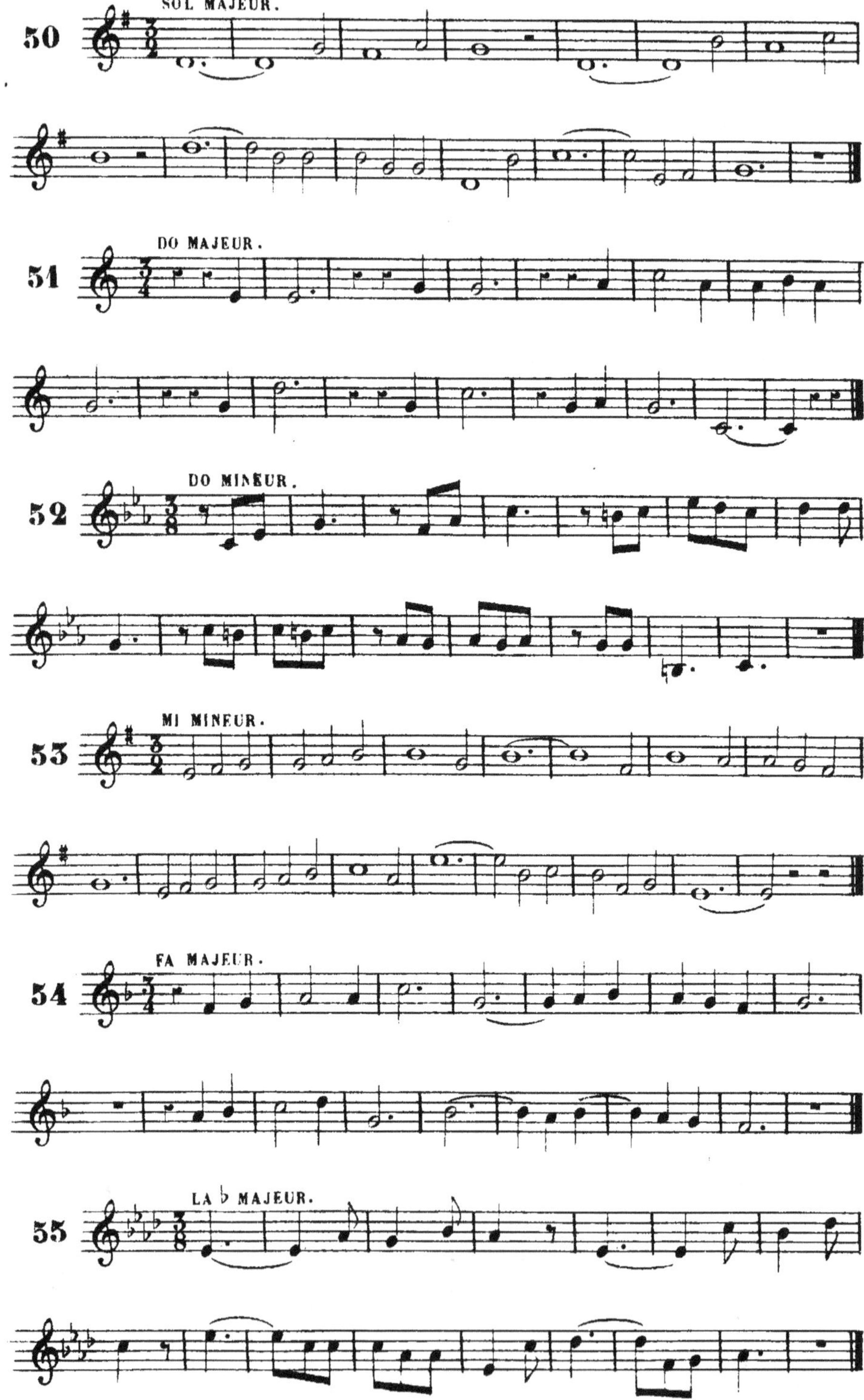
SOL MAJEUR.
50
DO MAJEUR.
51
DO MINEUR.
52
MI MINEUR.
53
FA MAJEUR.
54
LA ♭ MAJEUR.
55

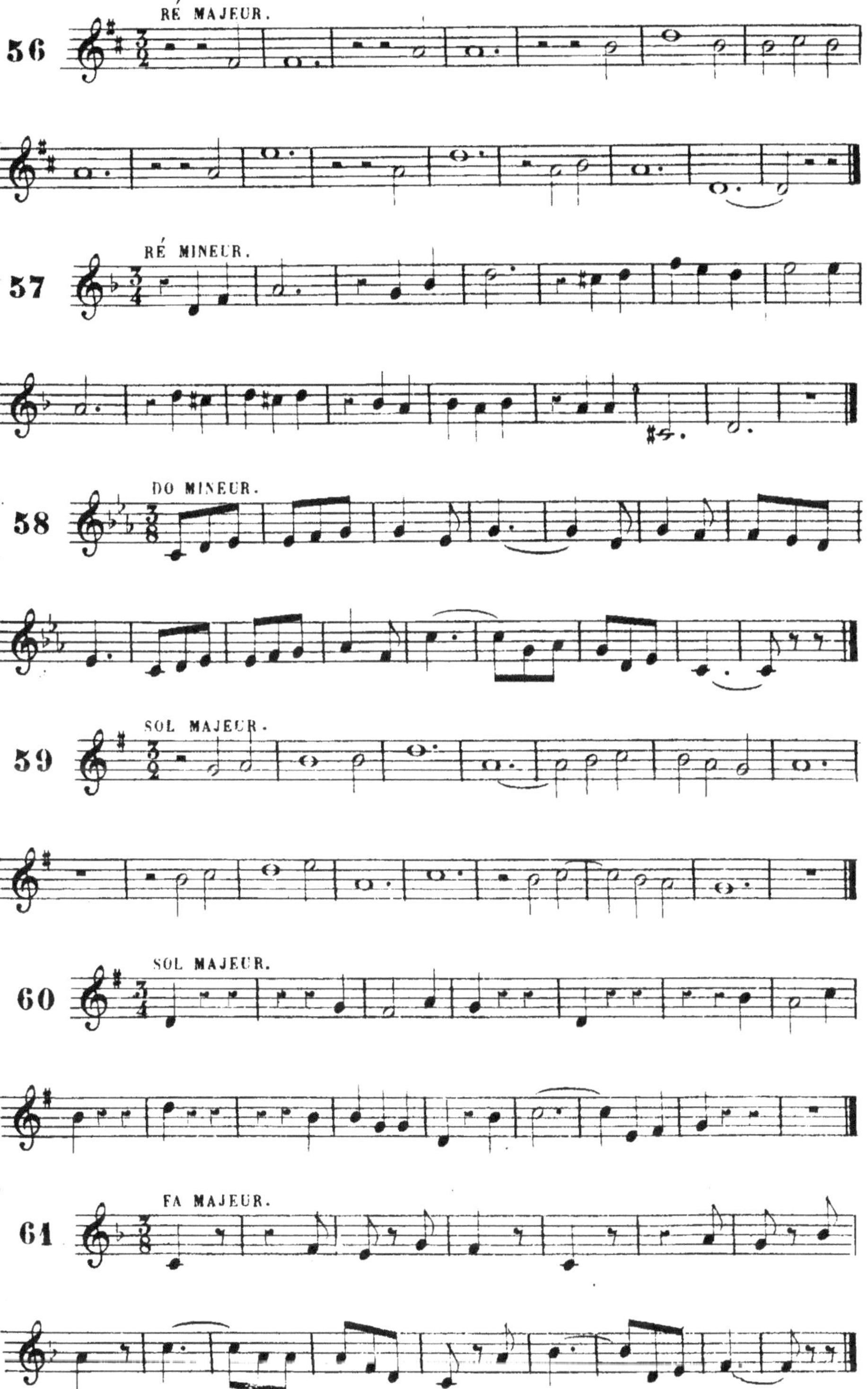
RÉ MAJEUR.
56
RÉ MINEUR.
57
DO MINEUR.
58
SOL MAJEUR.
59
SOL MAJEUR.
60
FA MAJEUR.
61

MESURES SIMPLES A QUATRE TEMPS.

On bat la mesure à quatre temps, en frappant pour le premier temps, portant la main à gauche pour le second, à droite pour le troisième, et en levant pour le quatrième.

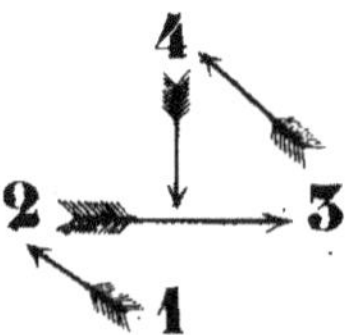

Lorsqu'on exécute le rhythme d'un exercice à quatre temps, on dit: *un, deux, trois* ou *quatre* pour les notes, et *chut* pour les silences.

Mesure à quatre-deux

Mesure à quatre-quatre

Mesure à quatre-huit.

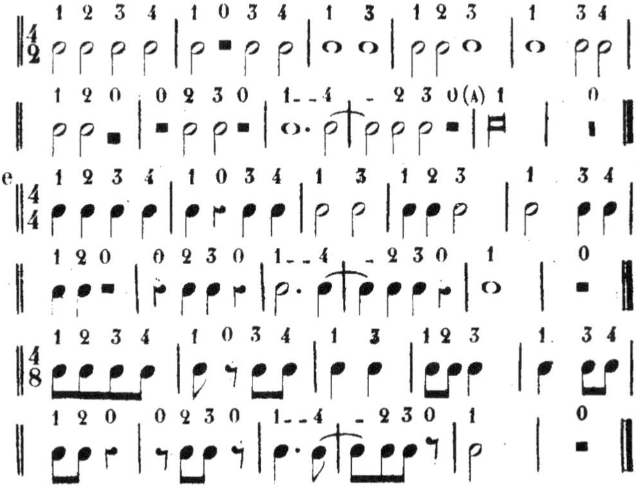

DO MAJEUR.

62

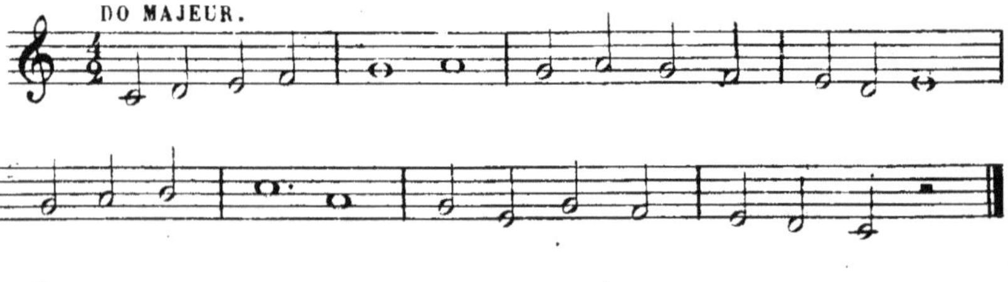

63

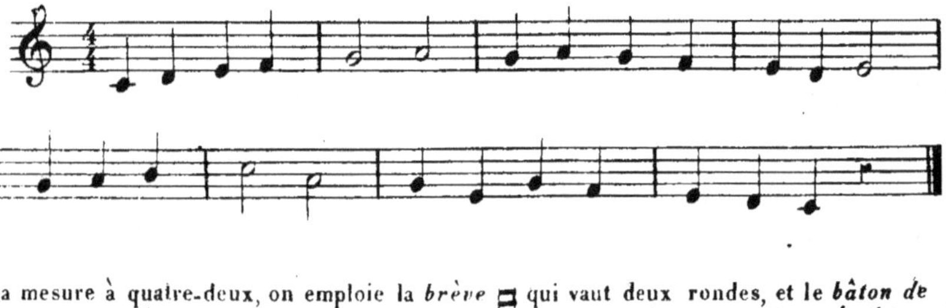

(A) Dans la mesure à quatre-deux, on emploie la *brève* ◘ qui vaut deux rondes, et le *bâton de deux pauses* pour le silence correspondant. La pause par exception ne représente qu'un silence égal à la ronde.

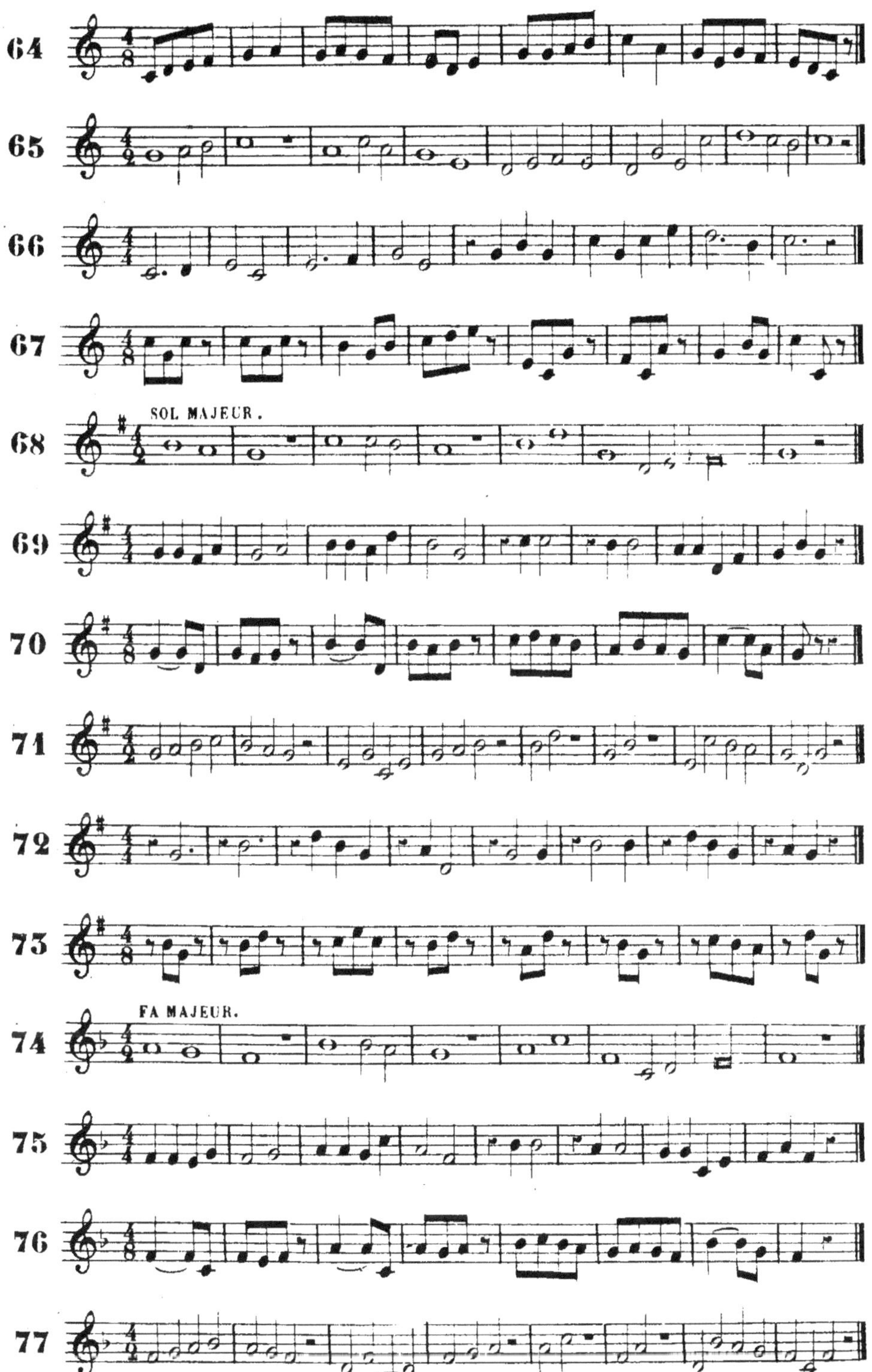
64
65
66
67
68
SOL MAJEUR.
69
70
71
72
73
74
FA MAJEUR.
75
76
77

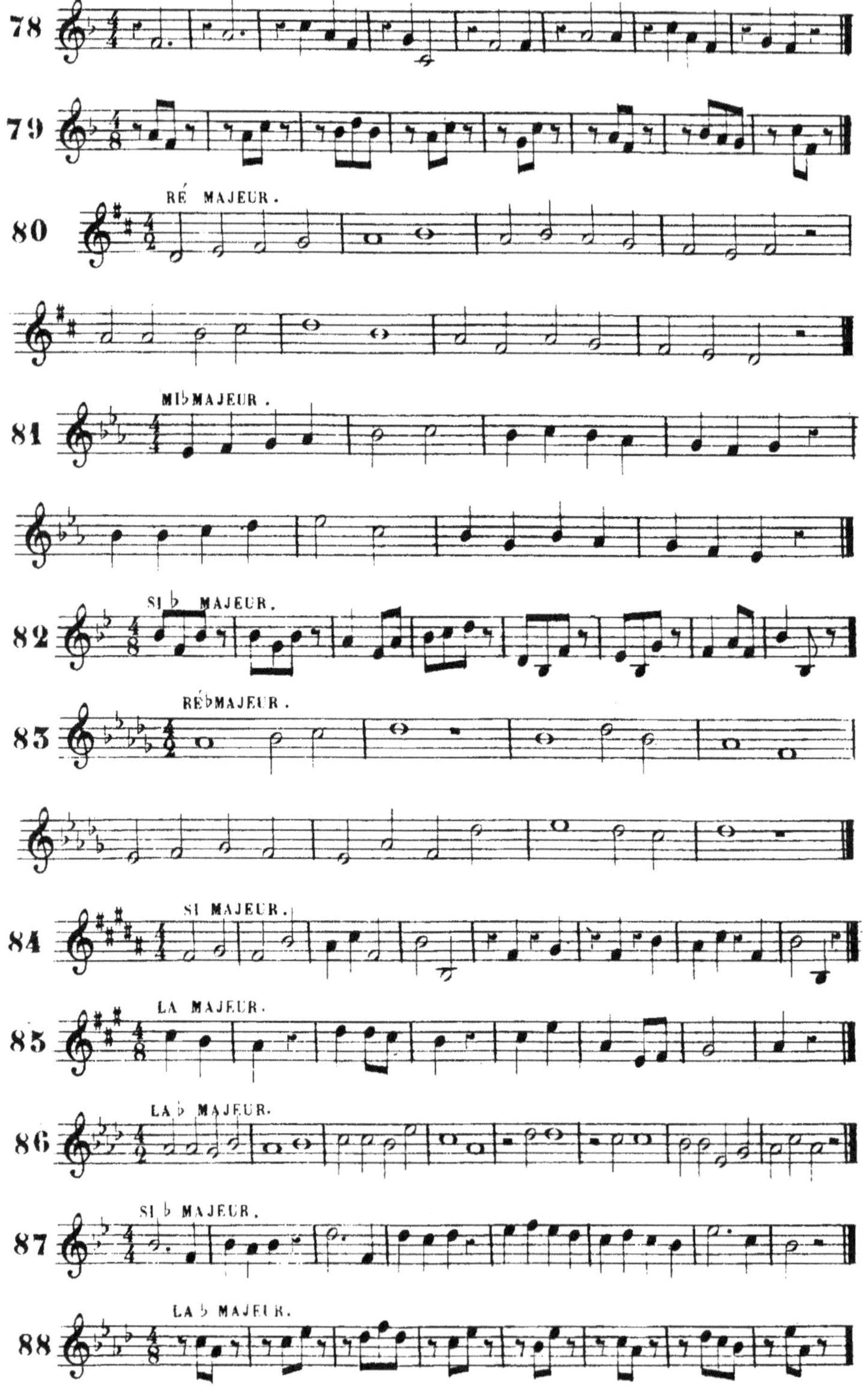
RÉ MAJEUR.
MI♭ MAJEUR.
SI♭ MAJEUR.
RÉ♭ MAJEUR.
SI MAJEUR.
LA MAJEUR.
LA♭ MAJEUR.
SI♭ MAJEUR.
LA♭ MAJEUR.

SOLFÈGES[1]

AVEC BASSE D'ACCOMPAGNEMENT.

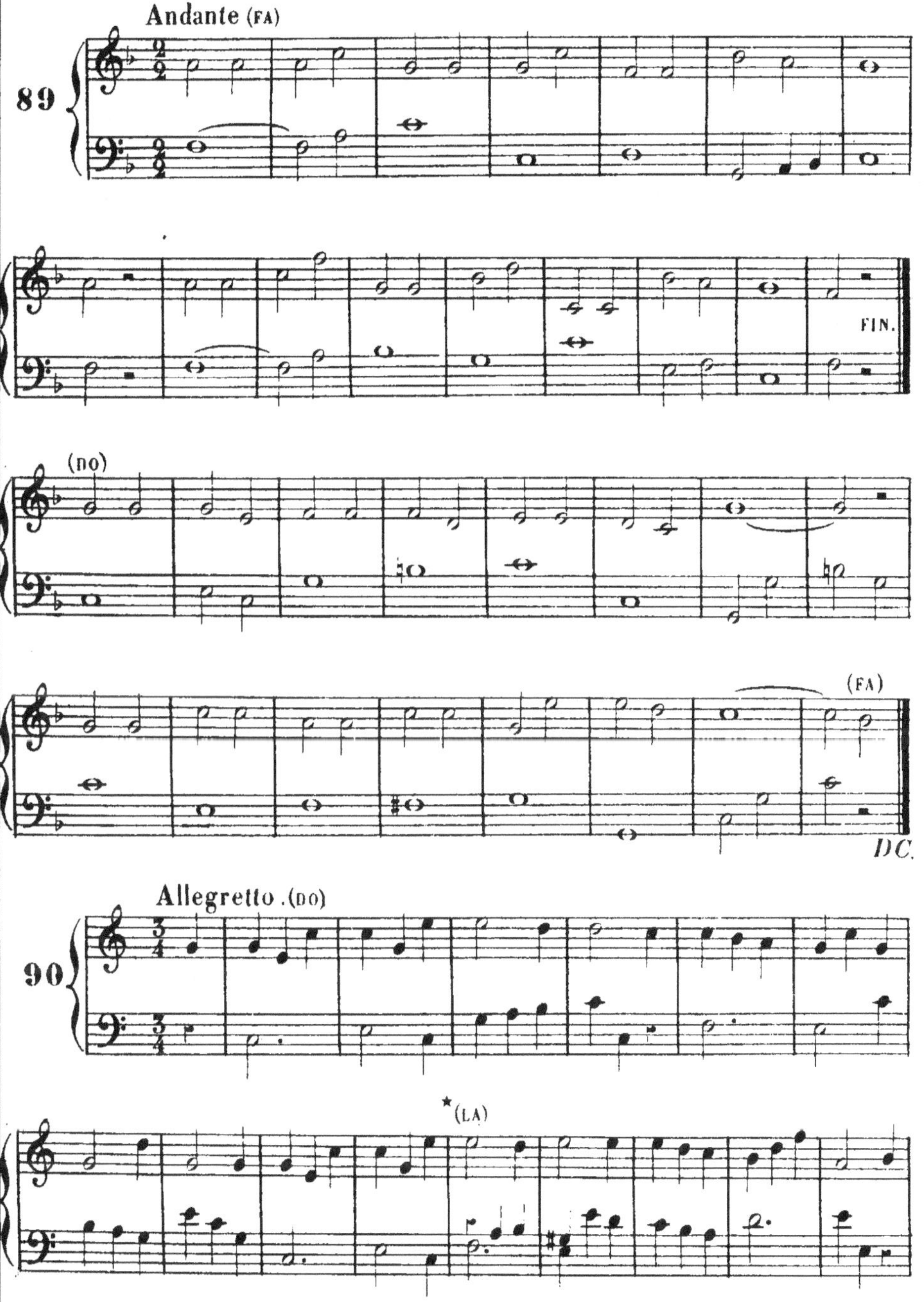

(1) Les noms entre parenthèses indiquent le ton principal et les modulations.
Un nom simple désigne un ton majeur; un nom précédé d'un astérique désigne un ton mineur.

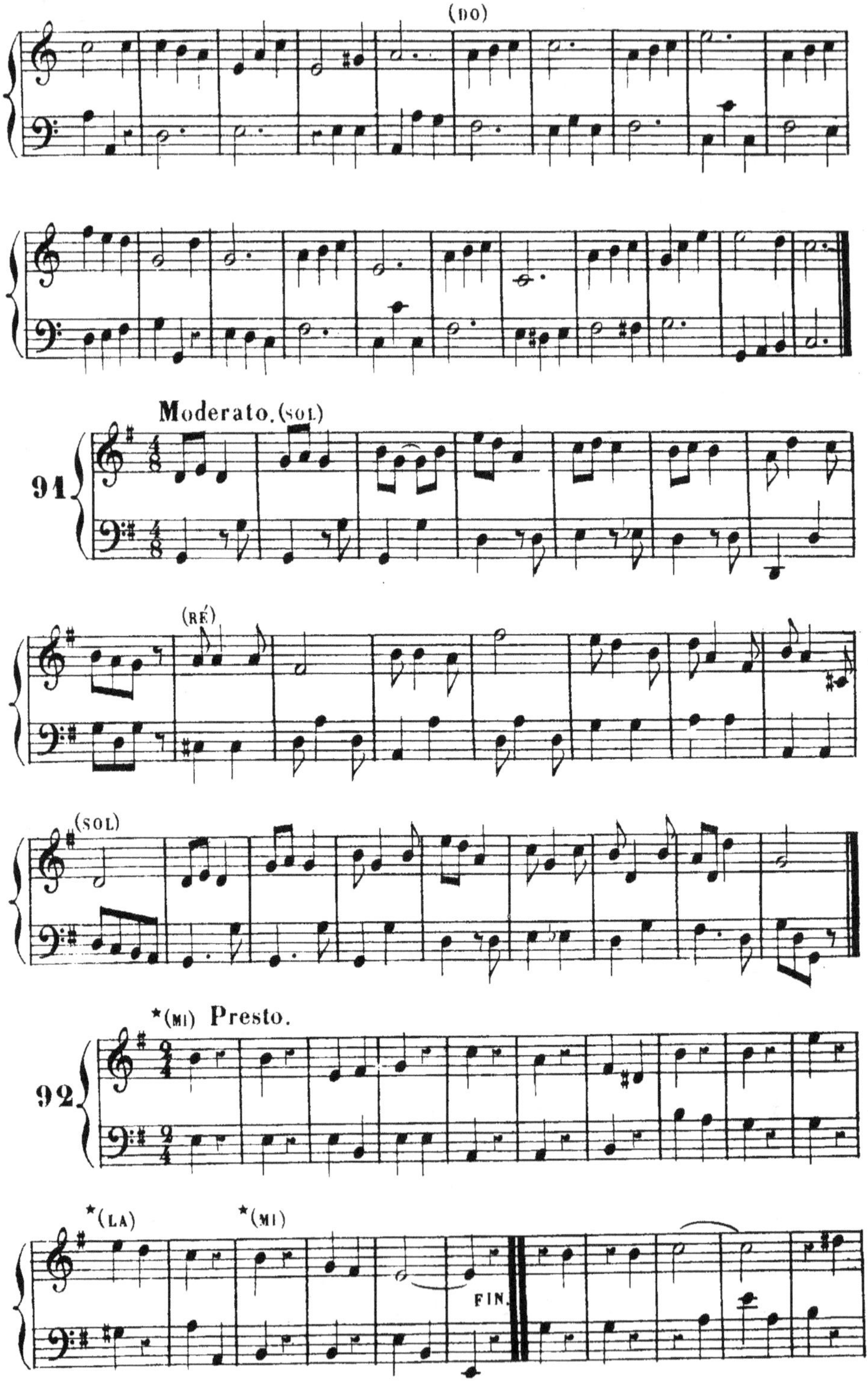

(DO)
Moderato. (SOL)
91
(RÉ)
(SOL)
*(MI) Presto.
92
*(LA)
*(MI)
FIN.

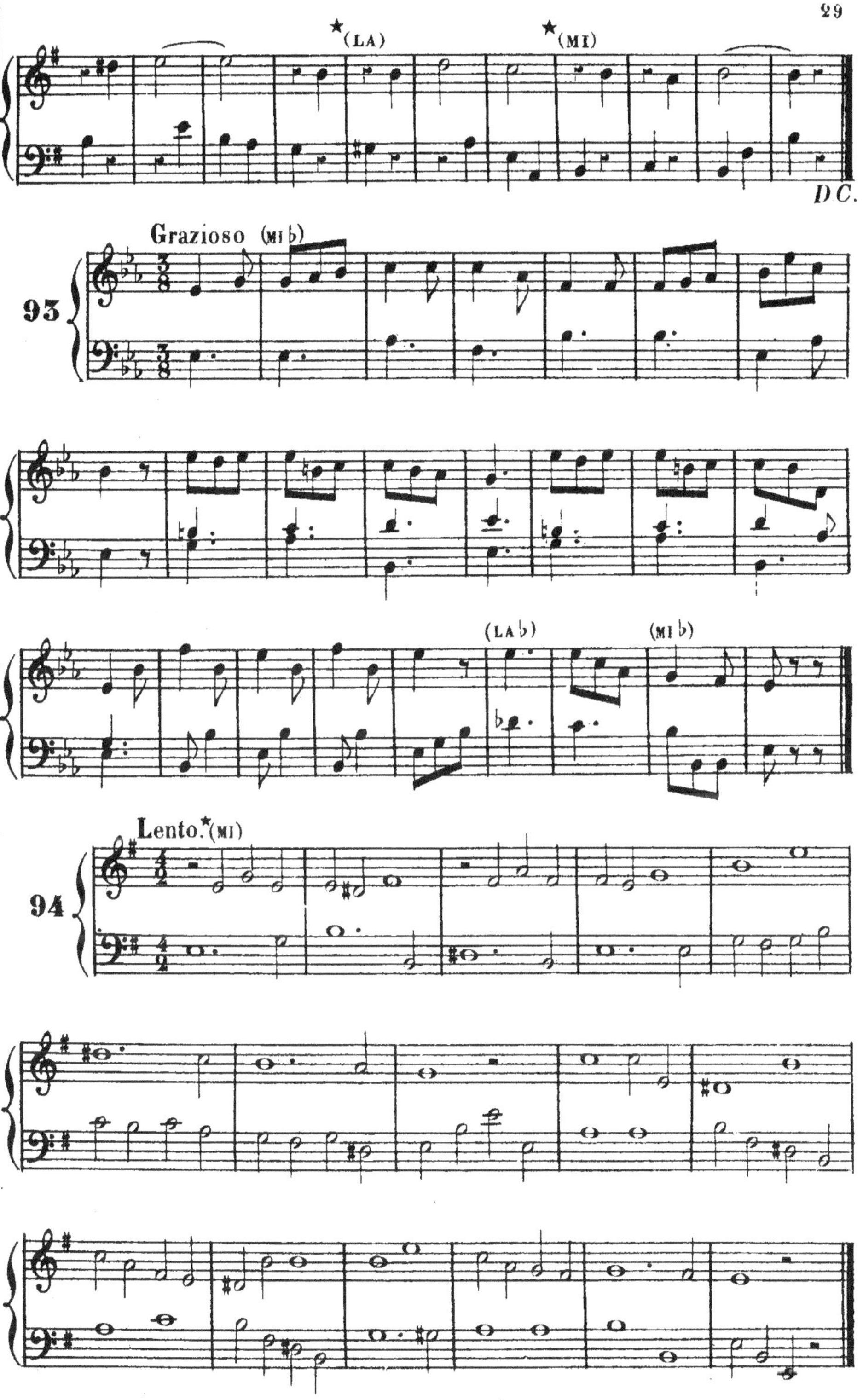

(LA)
(MI)
D C.
Grazioso (MI♭)
93
(LA♭)
(MI♭)
Lento. (MI)
94

95
(DO) Andante
(SOL) 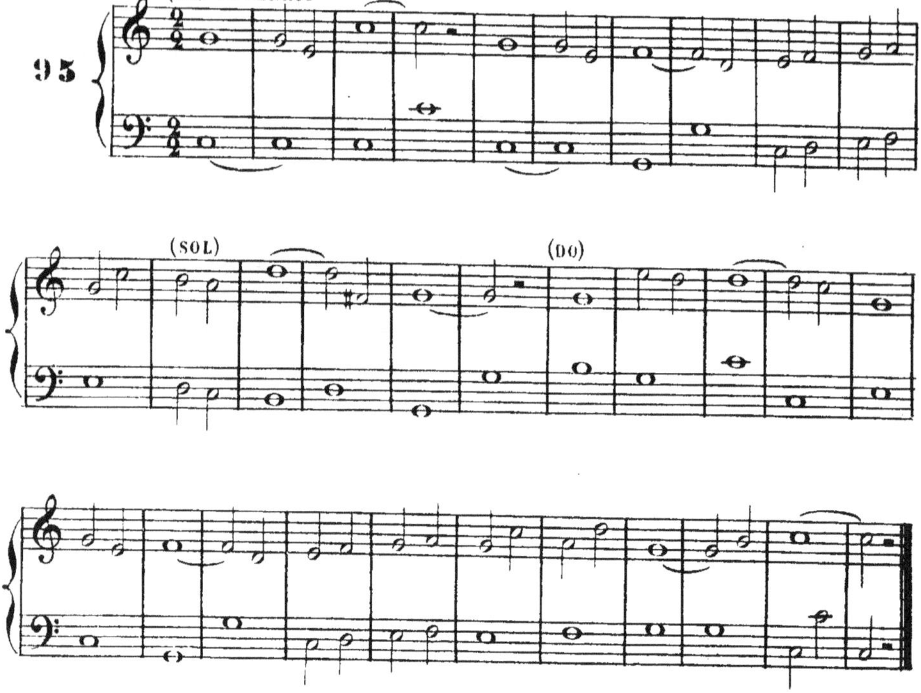
(DO)
(DO) Andantino.
96
FIN
(SOL)

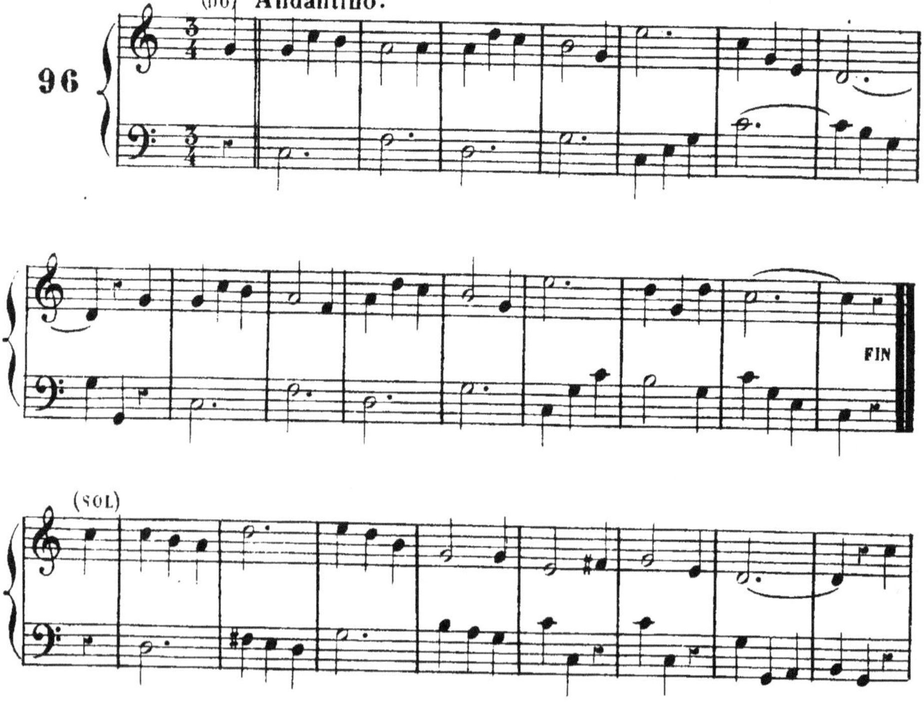

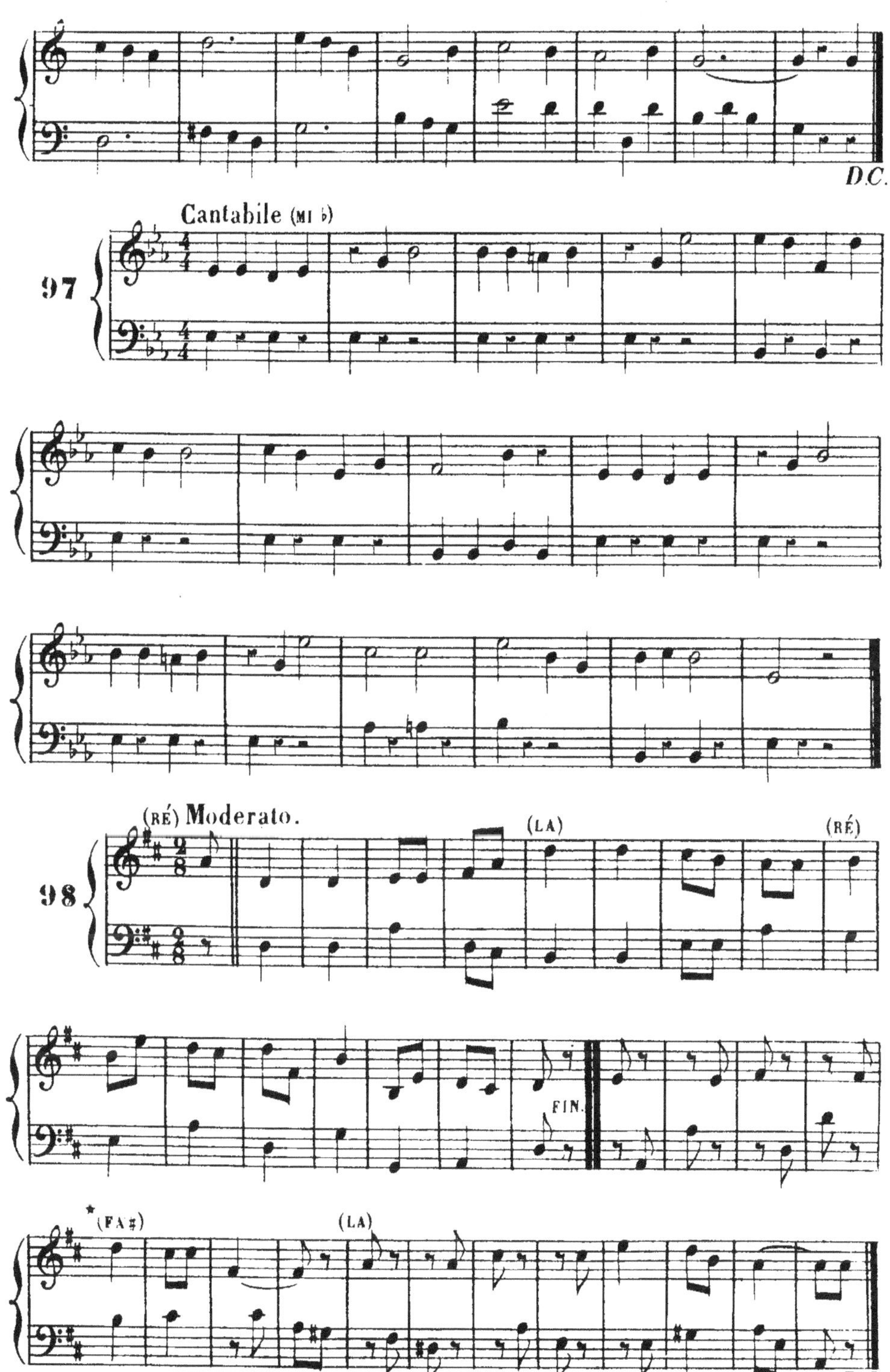
D.C.
Cantabile (MI ♭)
97
(RÉ) Moderato.
(LA)
(RÉ)
98
FIN.
(FA ♯)
(LA)
D.C.

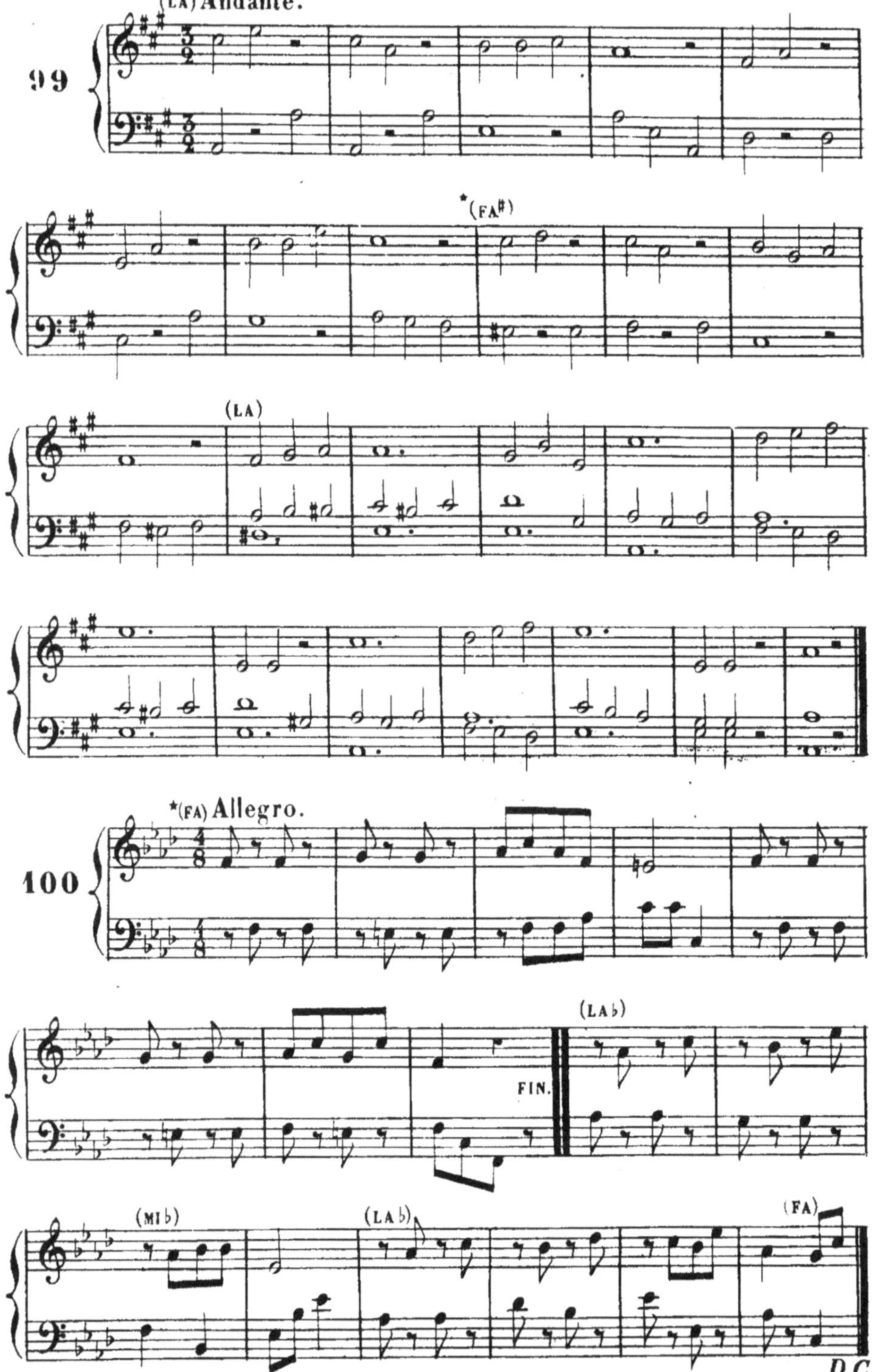
(LA) Andante.
99
*(FA#)
(LA)
*(FA) Allegro.
100
(LAb)
FIN.
(MIb)
(LAb)
(FA)
D.C.

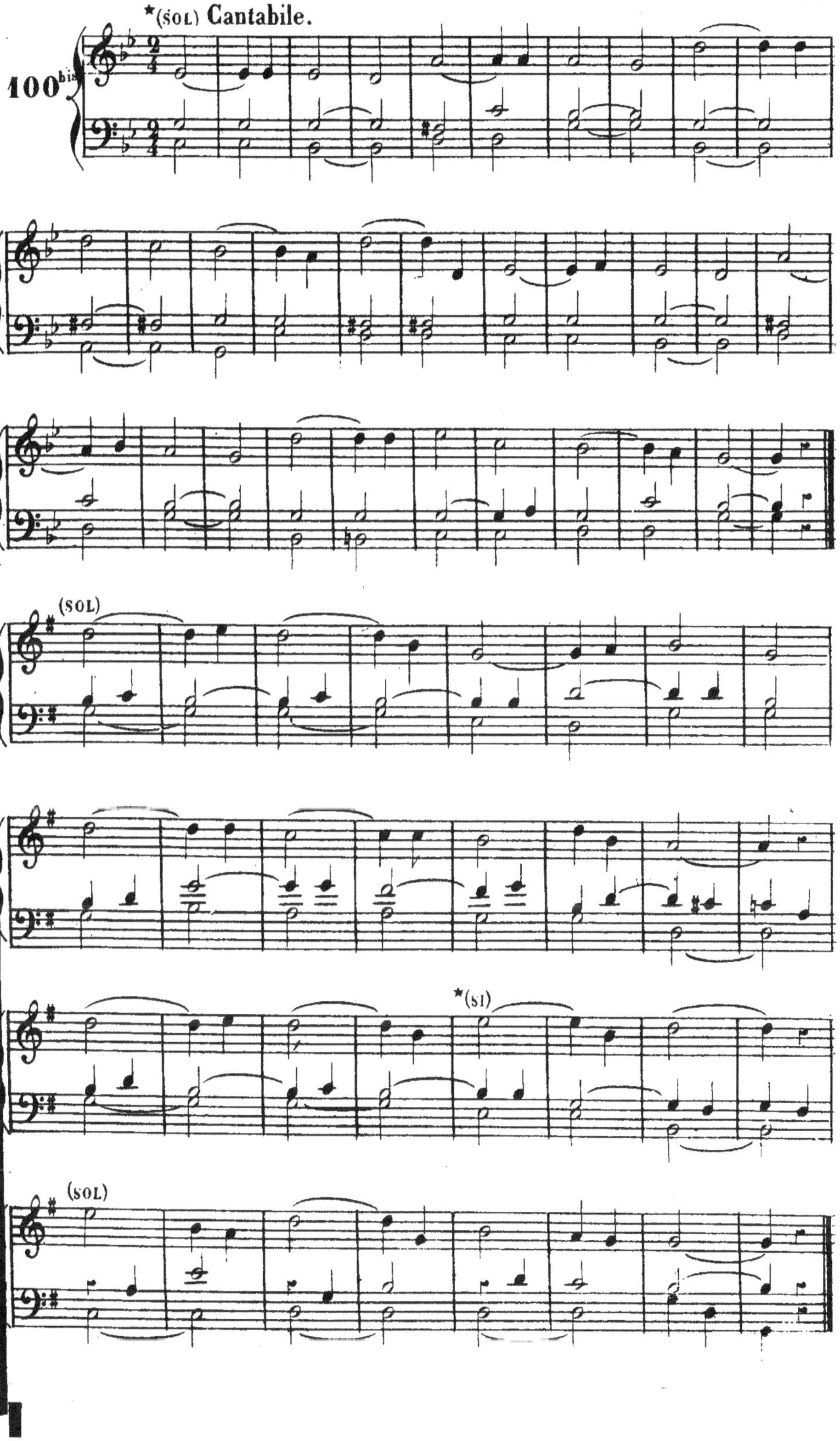

*(SOL) Cantabile.
100bis
(SOL)
*(SI)
(SOL)

*(FA) Allegro scherzando.
(LA♭)
101 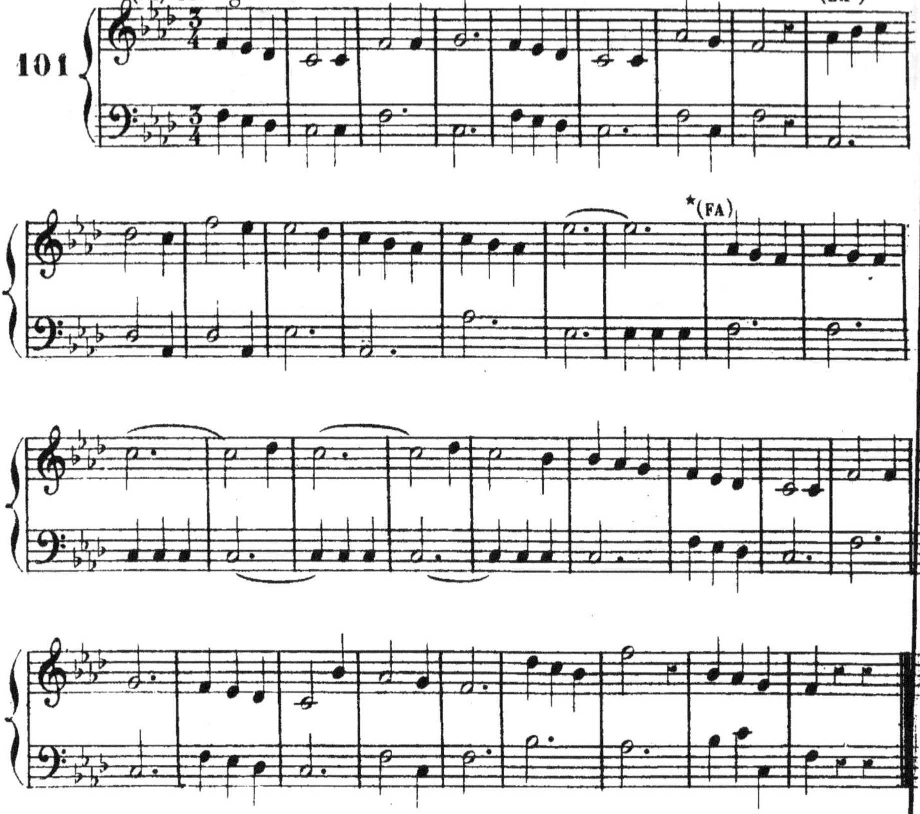
*(FA)
Moderato (DO)
102
(SOL)
(DO)

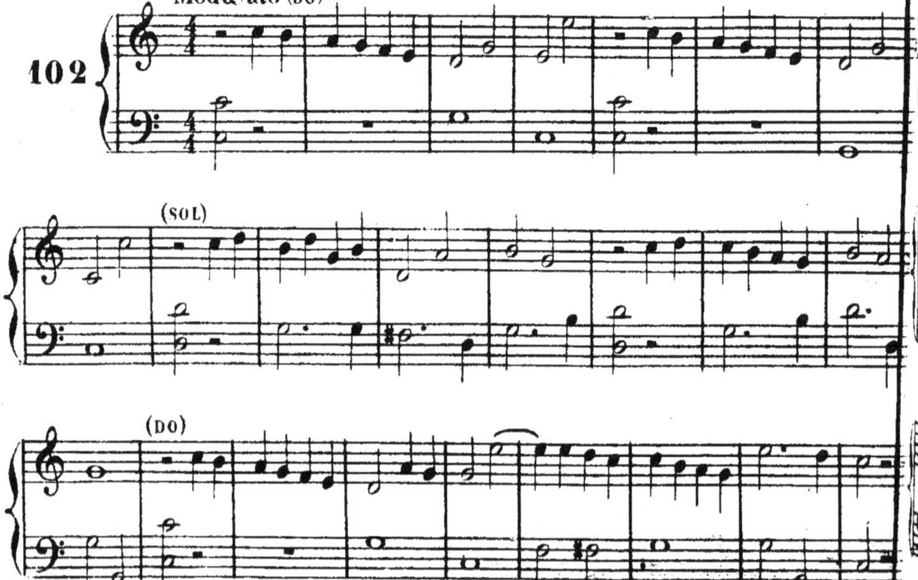

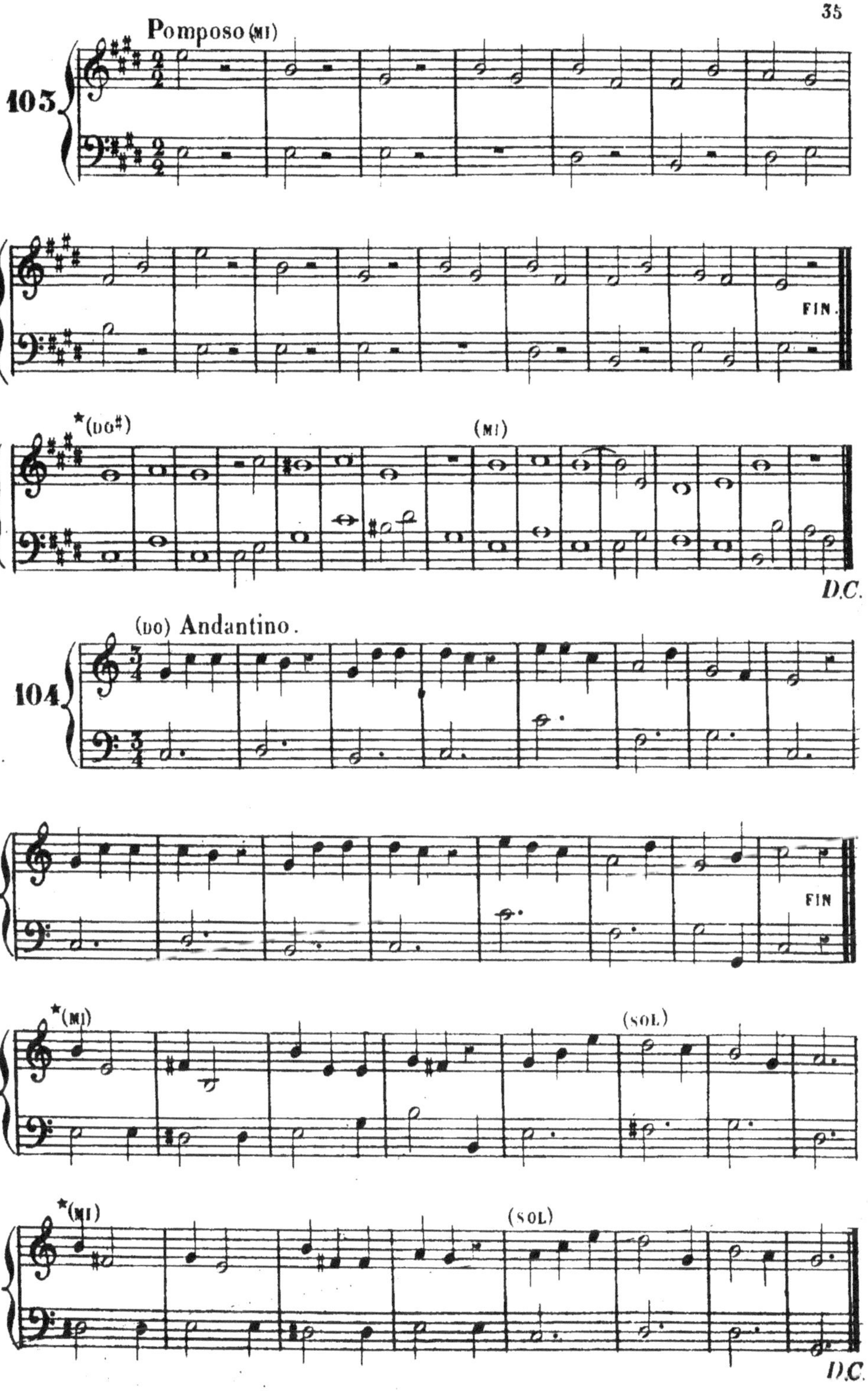

Pomposo (MI)
103
(DO#)
(MI)
FIN.
D.C.
(DO) Andantino.
104
FIN
(MI)
(SOL)
(MI)
(SOL)
D.C.

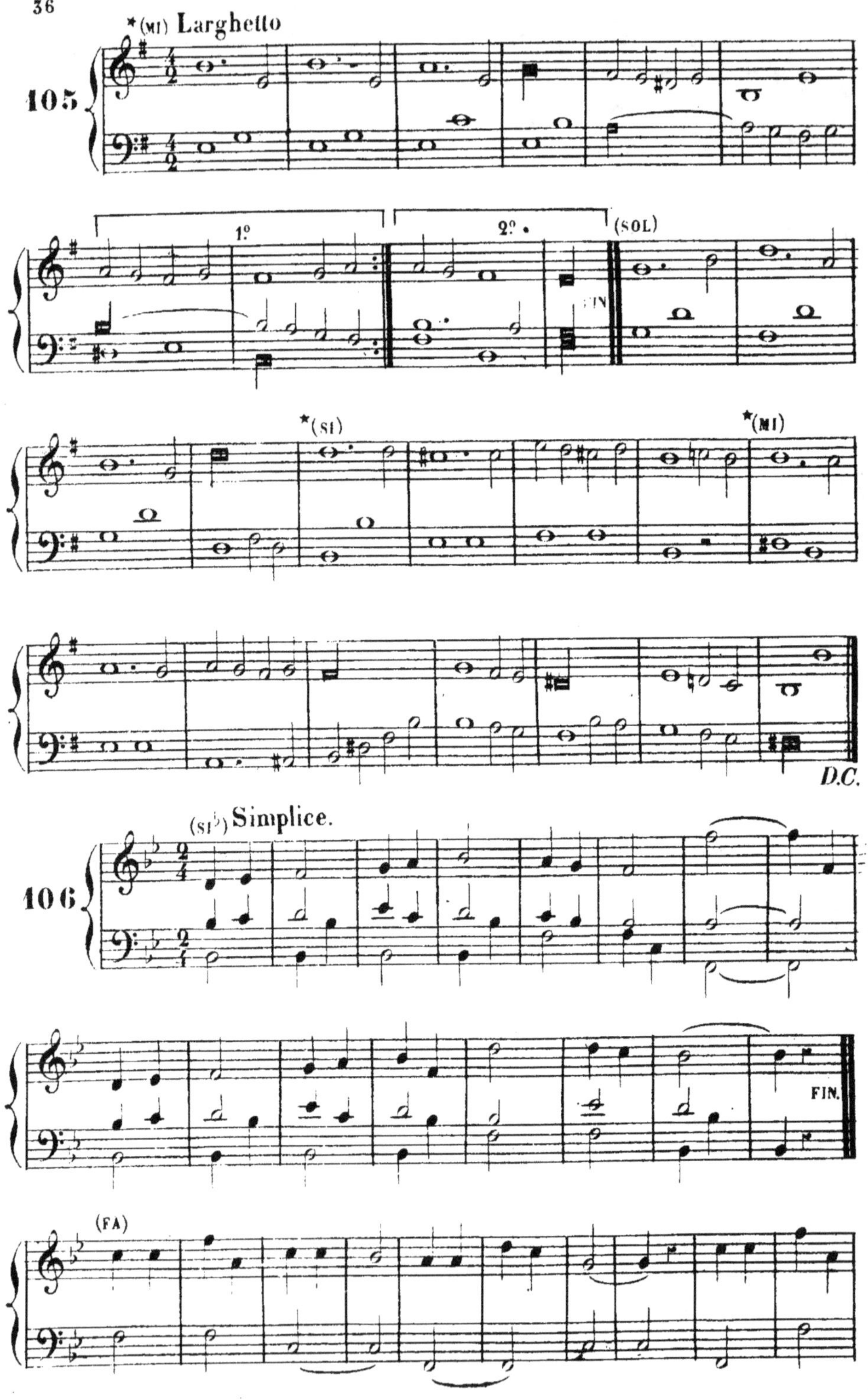
*(MI) Larghetto
105
1°
2°.
(SOL)
*(SI)
*(MI)
D.C.
(SI♭) Simplice.
106
FIN.
(FA)

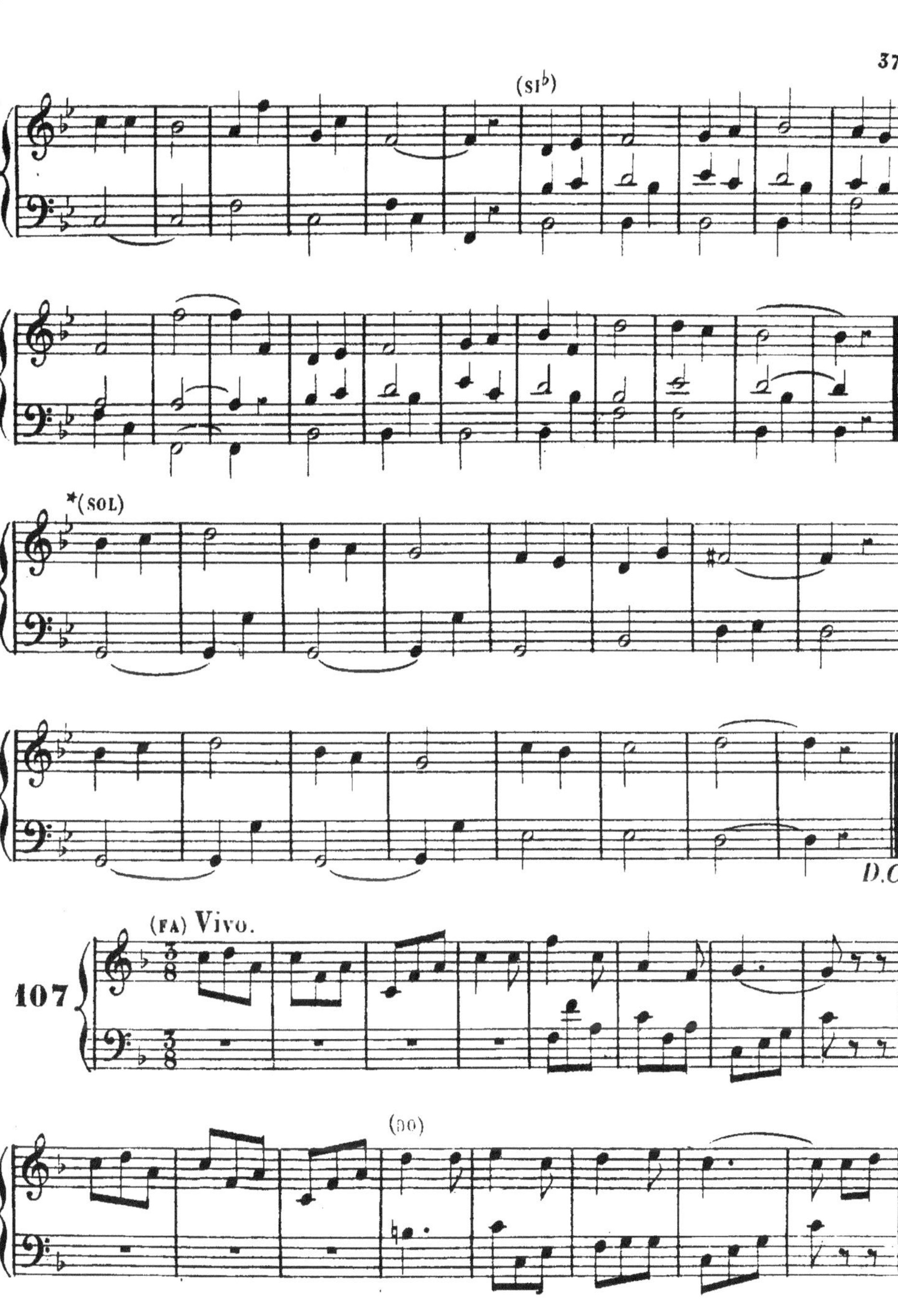
(SIb)
*(SOL)
D.C.
(FA) Vivo.
107
(DO)
(FA)
*(RÉ)

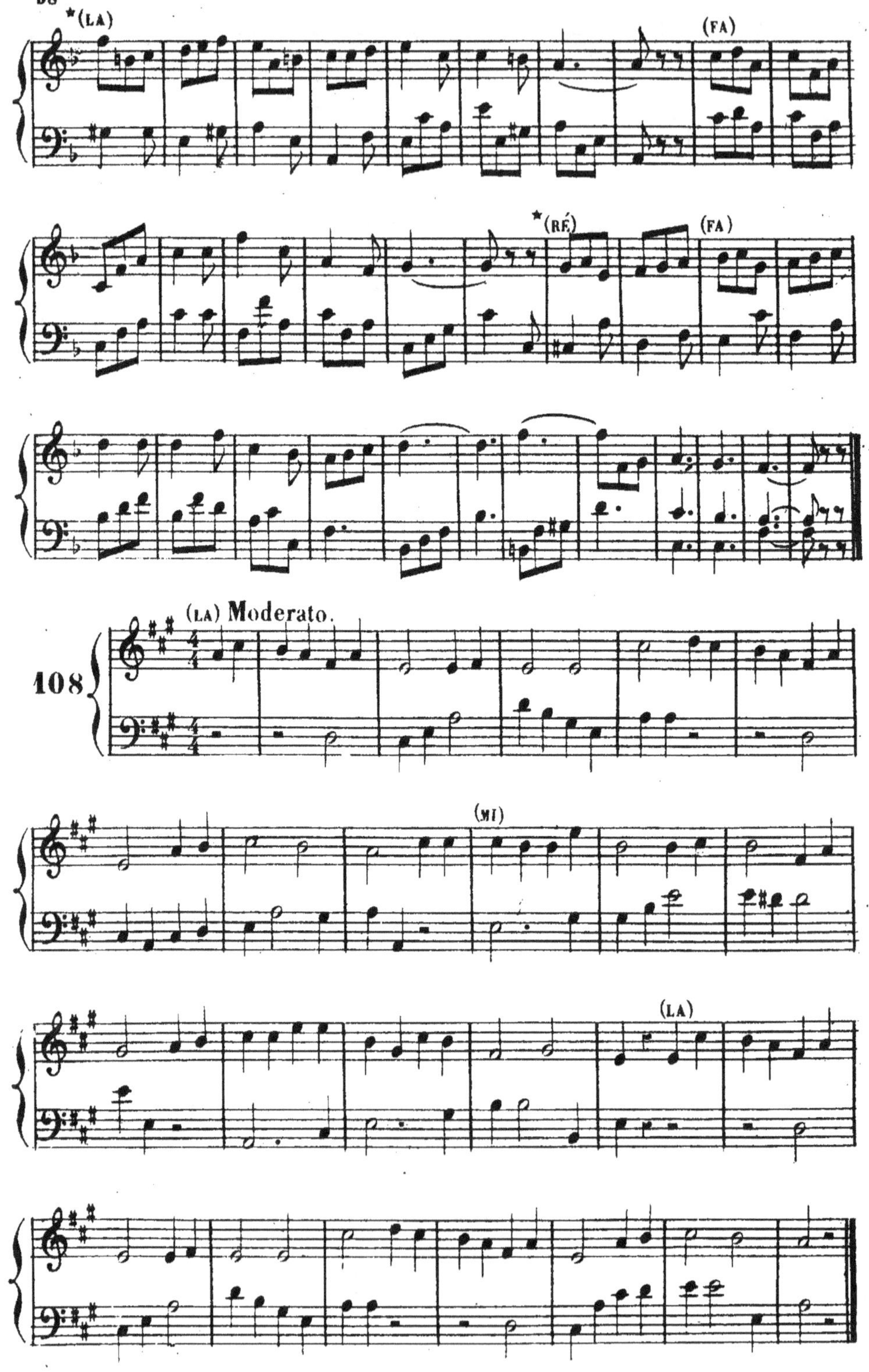

38
*(LA)
(FA)
*(RÉ)
(FA)
(LA) Moderato.
108
(MI)
(LA)

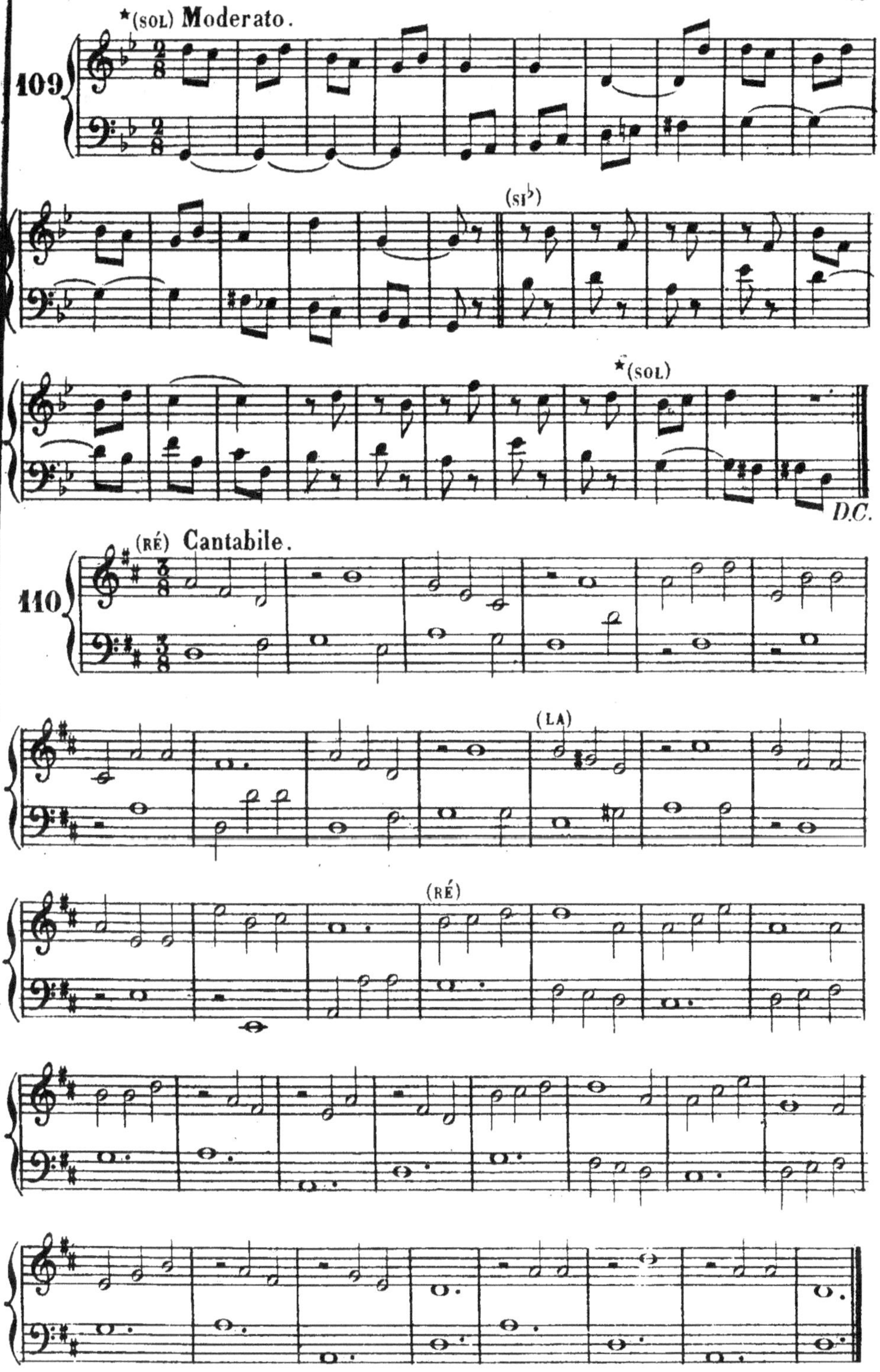

*(SOL) Moderato.
109
(SI♭)
*(SOL)
D.C.
(RÉ) Cantabile.
110
(LA)
(RÉ)

111

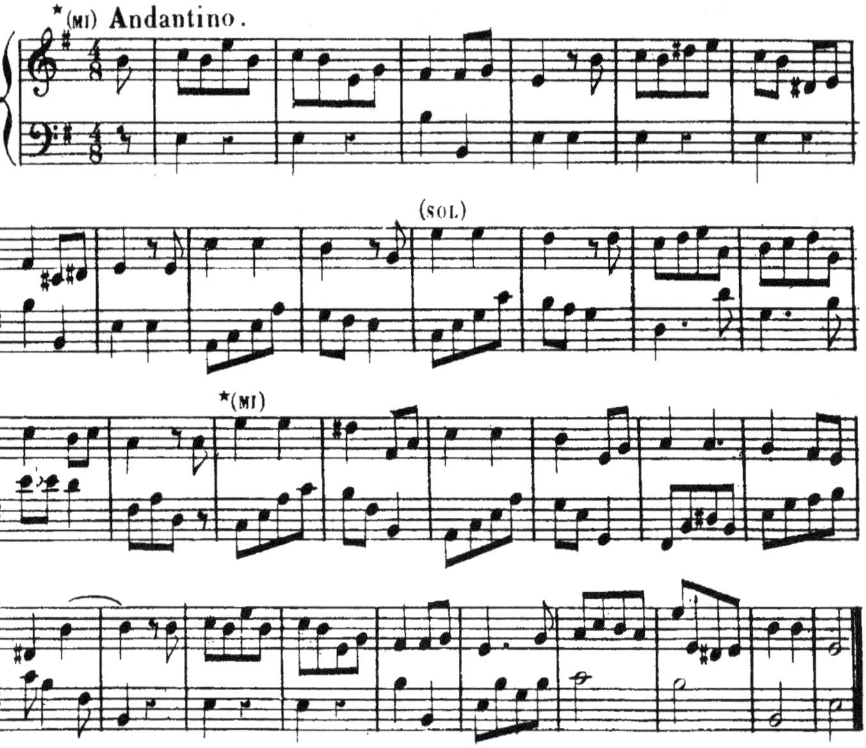

112

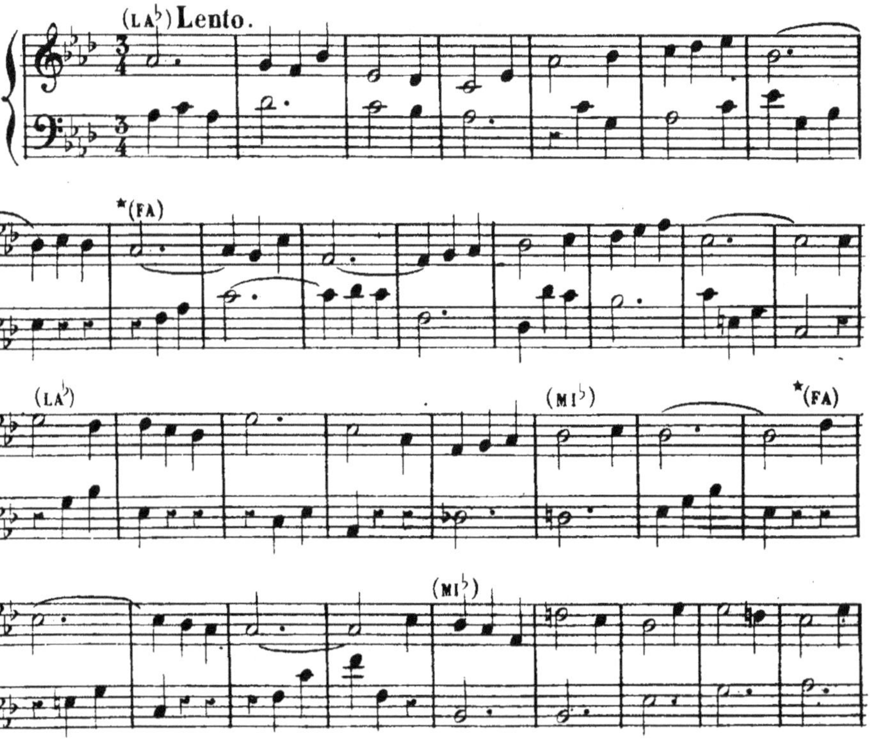

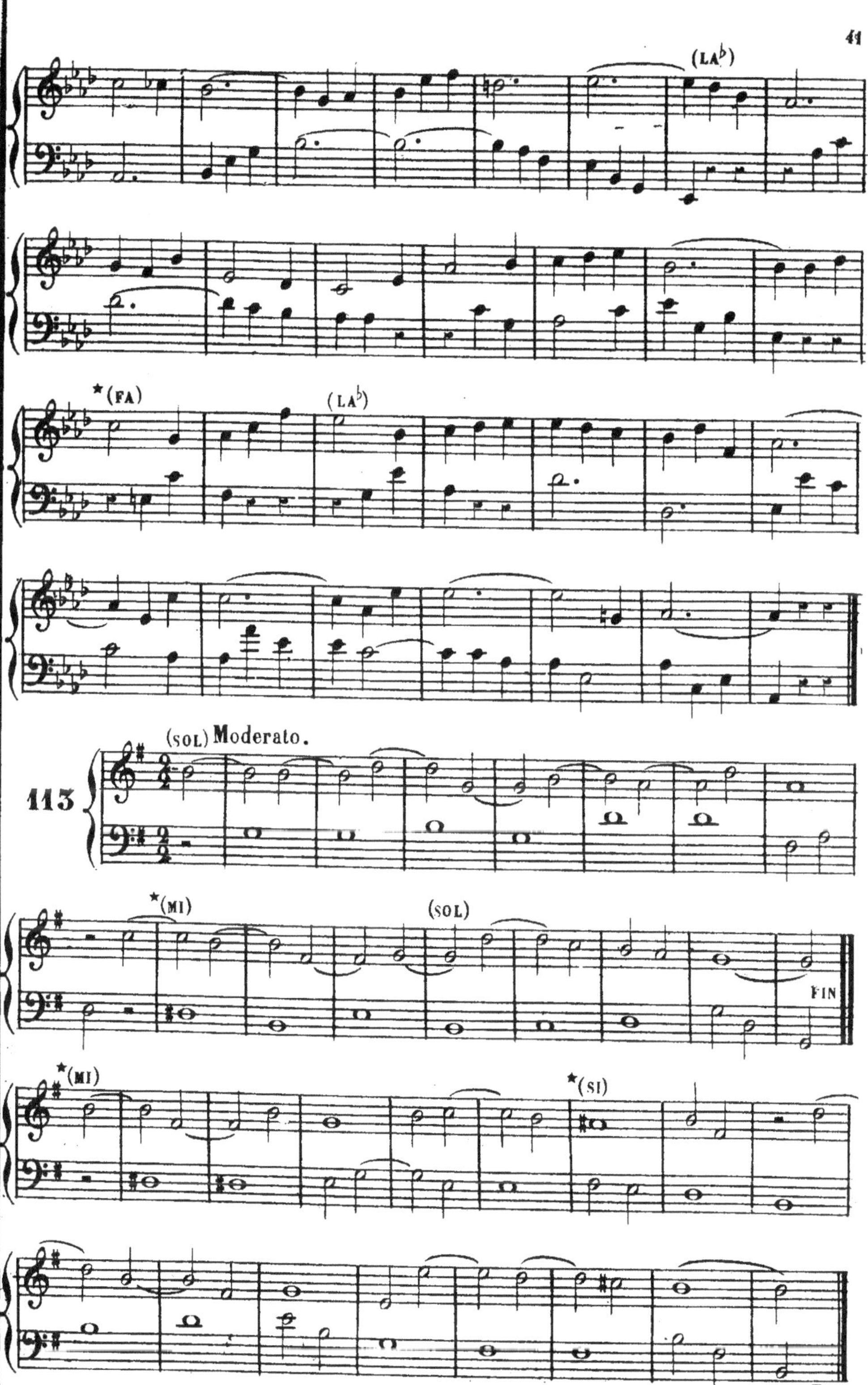
(LA♭)
*(FA)
(LA♭)
(SOL) Moderato.
113
*(MI)
(SOL)
FIN
*(MI)
*(SI)
D.C.

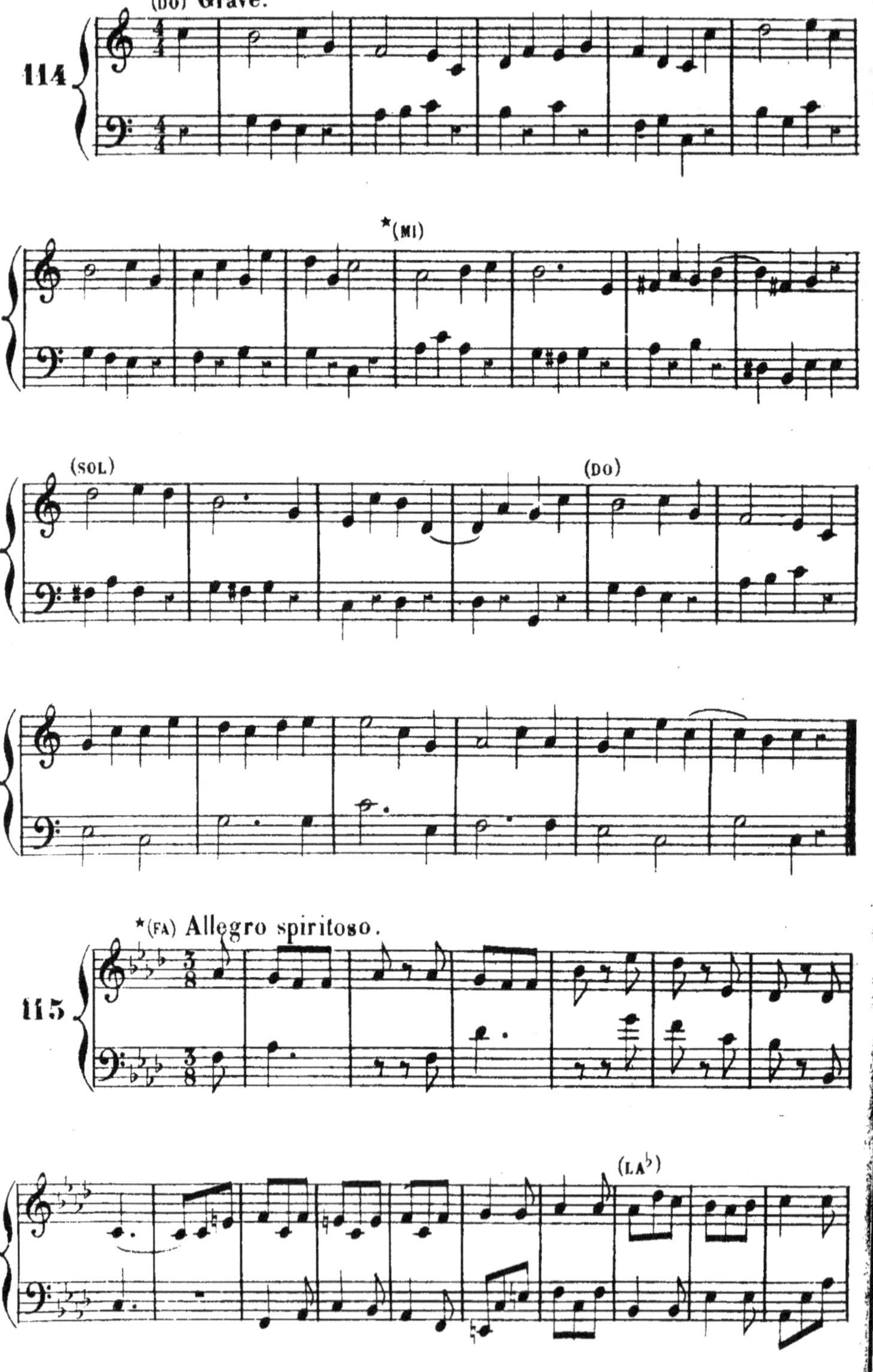

42
114
(DO) Grave.
*(MI)
(SOL)
(DO)
115
*(FA) Allegro spiritoso.
(LA♭)

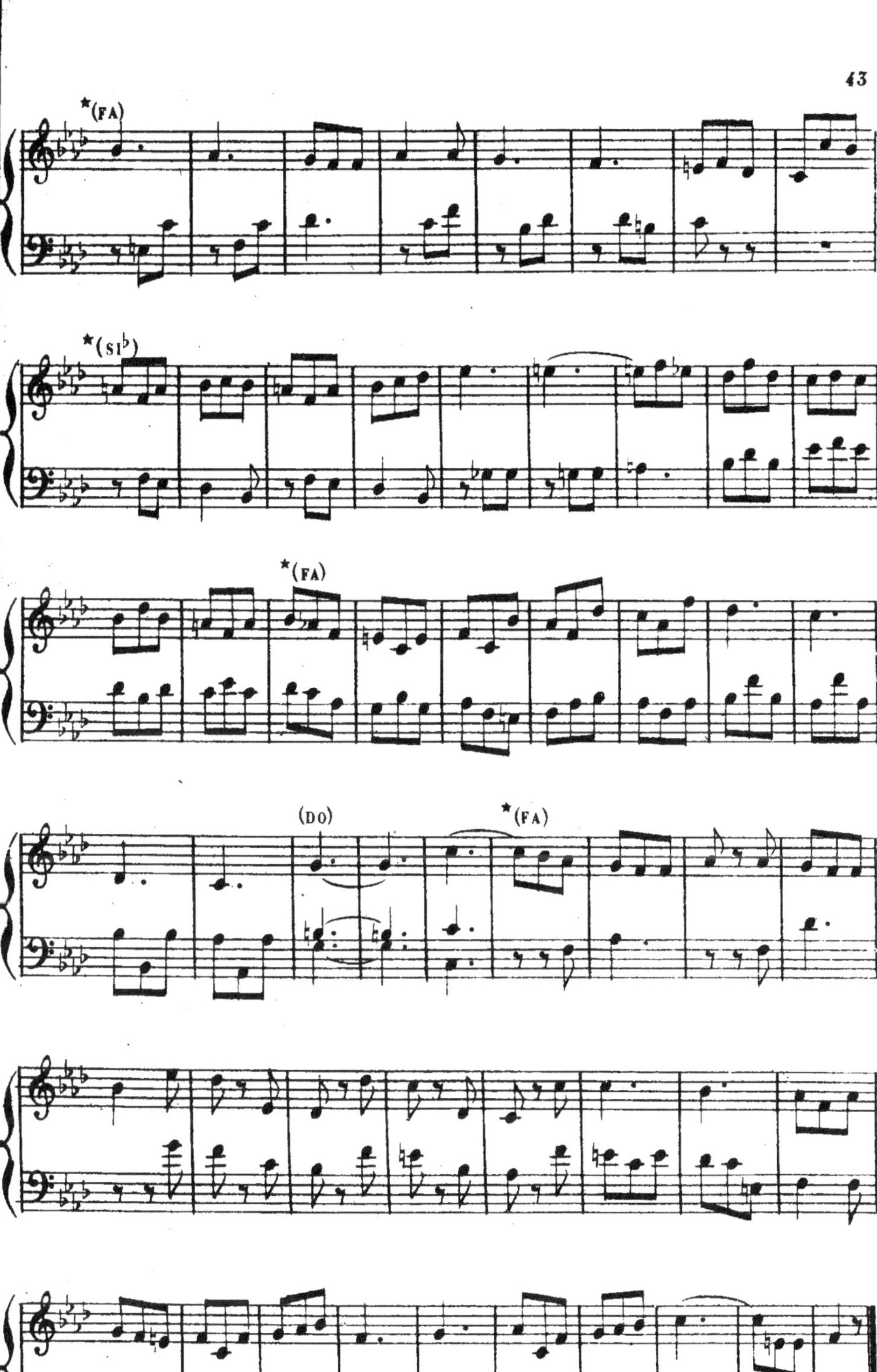
*(FA)
*(SI♭)
*(FA)
(DO)
*(FA)

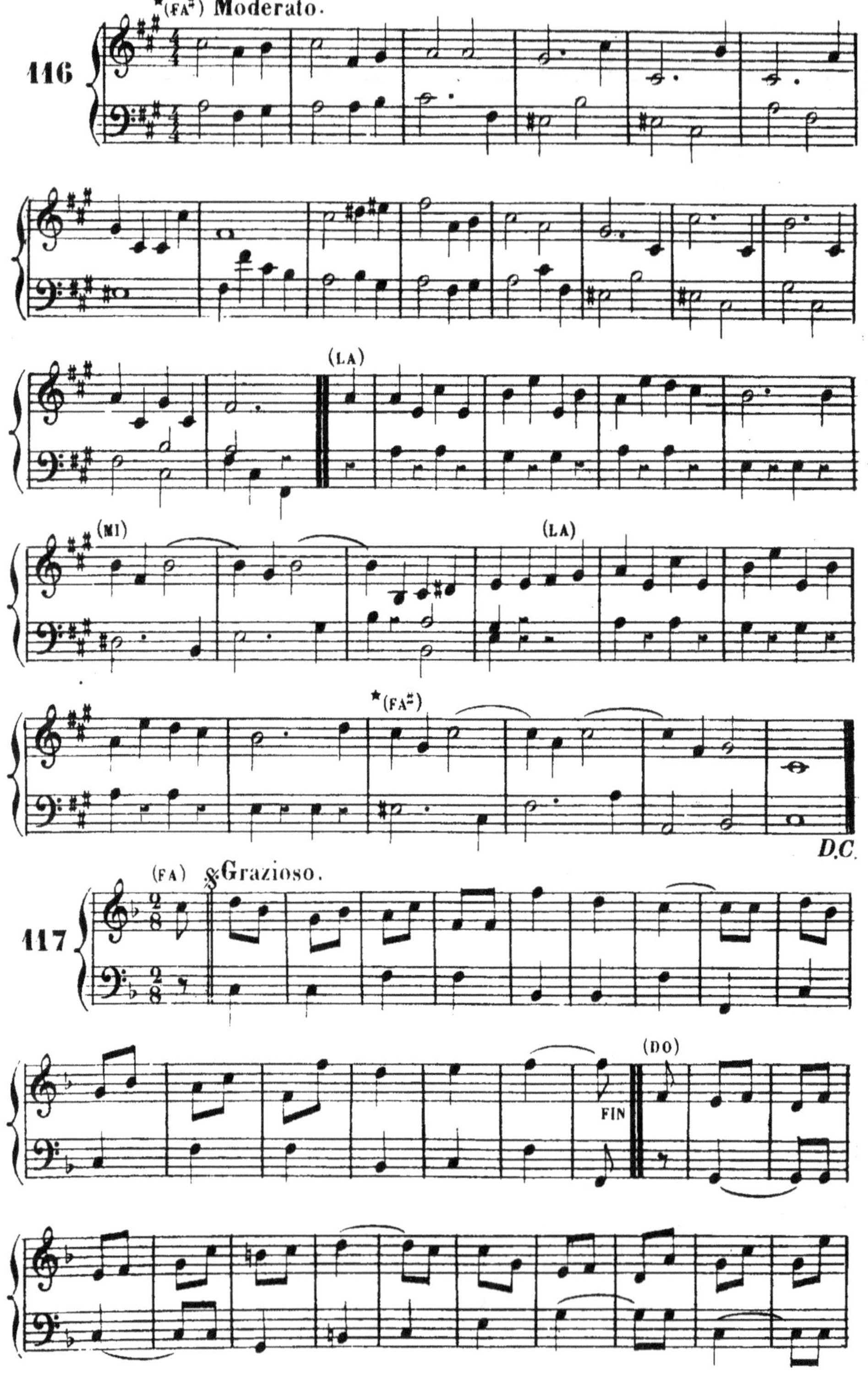

44
★(FA♯) Moderato.
116
(LA)
(MI)
(LA)
★(FA♯)
D.C.
(FA) ℅Grazioso.
117
(DO)
FIN

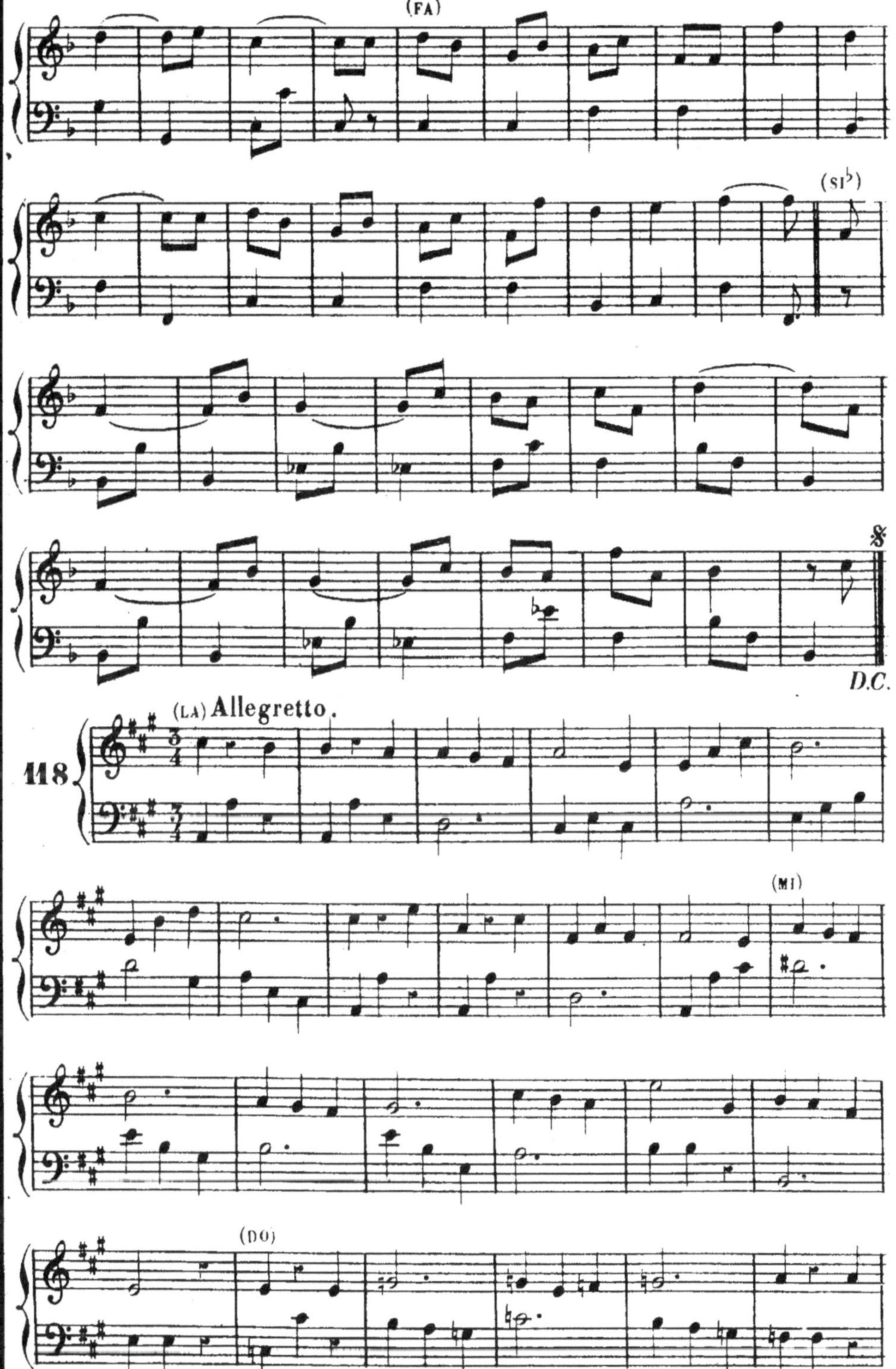
(FA)
(SI♭)
D.C.
(LA) Allegretto.
118.
(MI)
(DO)

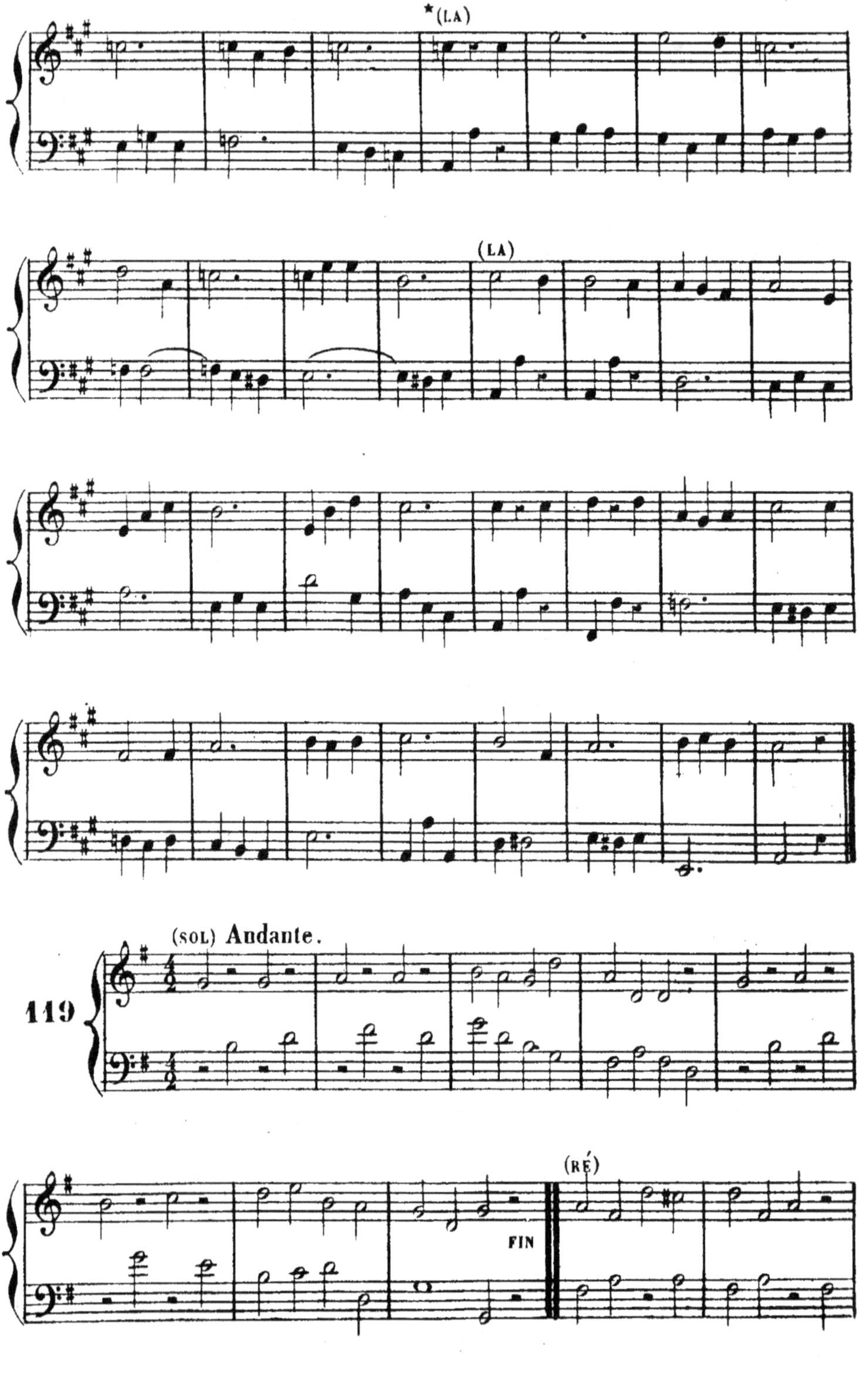

(LA)
(LA)
(SOL) Andante.
119
(RÉ)
FIN

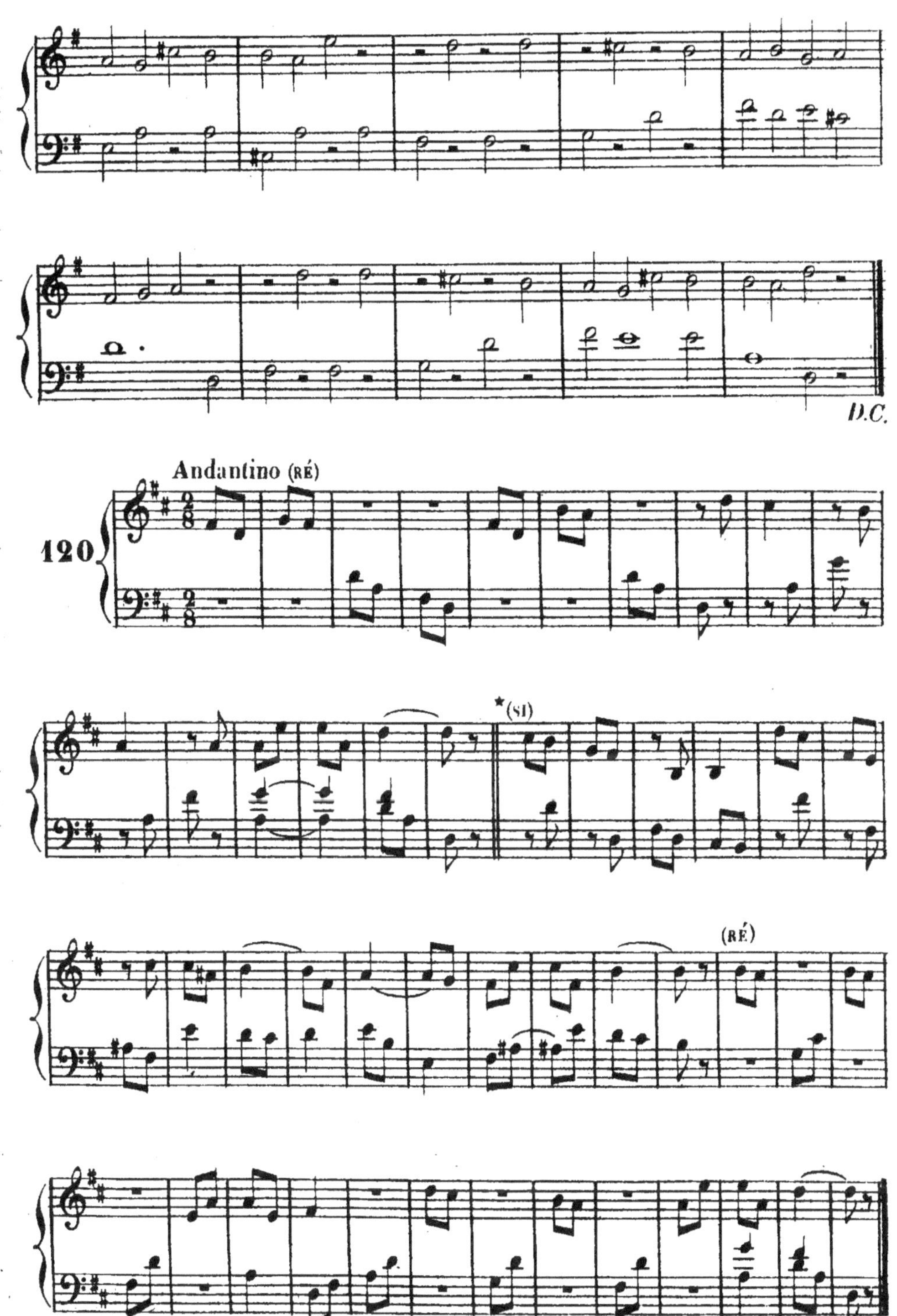
D.C.
Andantino (RÉ)
120
(SI)
(RÉ)

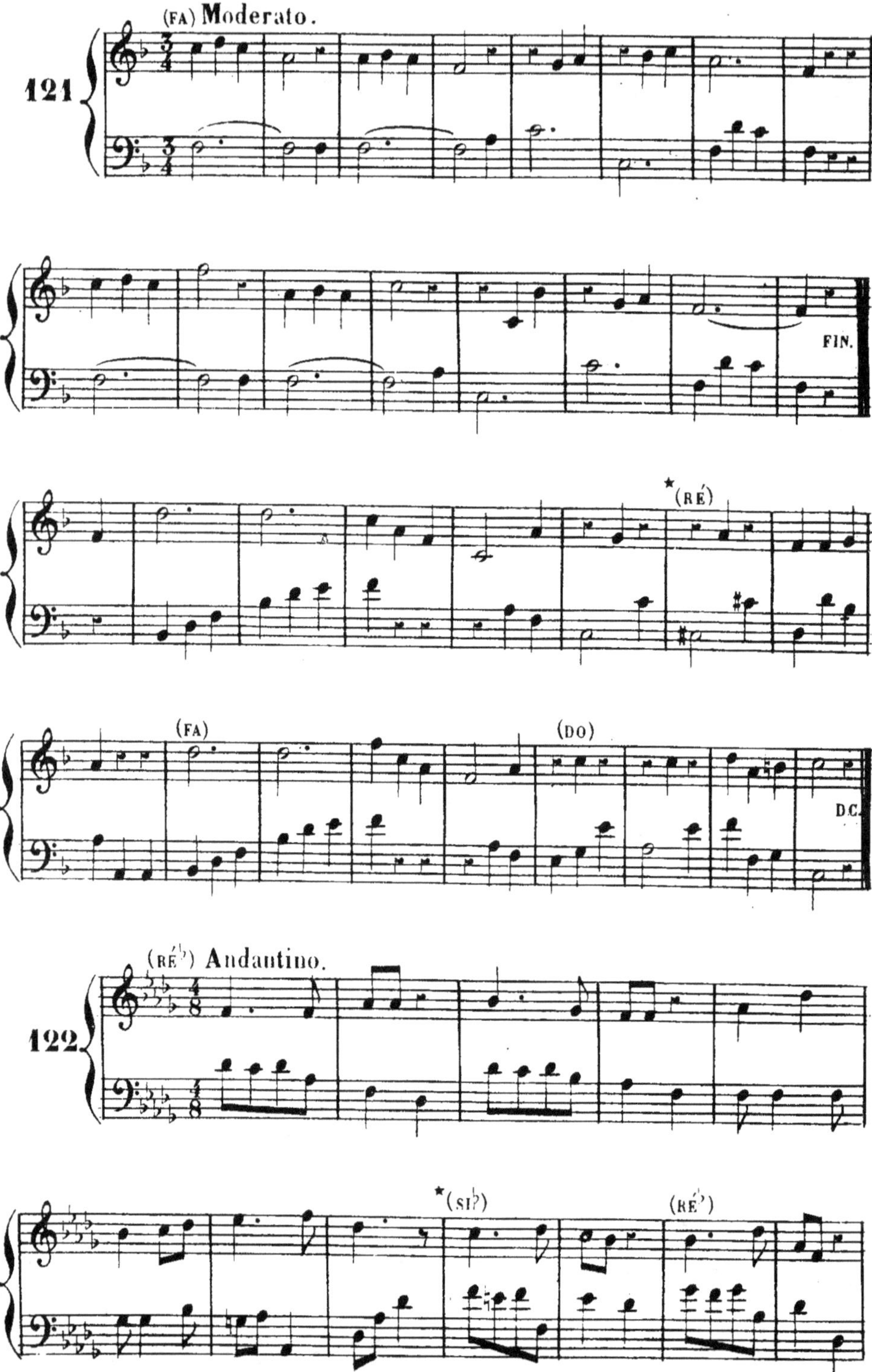
121
(FA) Moderato.
FIN.
(RÉ)
(FA)
(DO)
D.C.
122
(RÉ♭) Andantino.
(SI♭)
(RÉ♭)

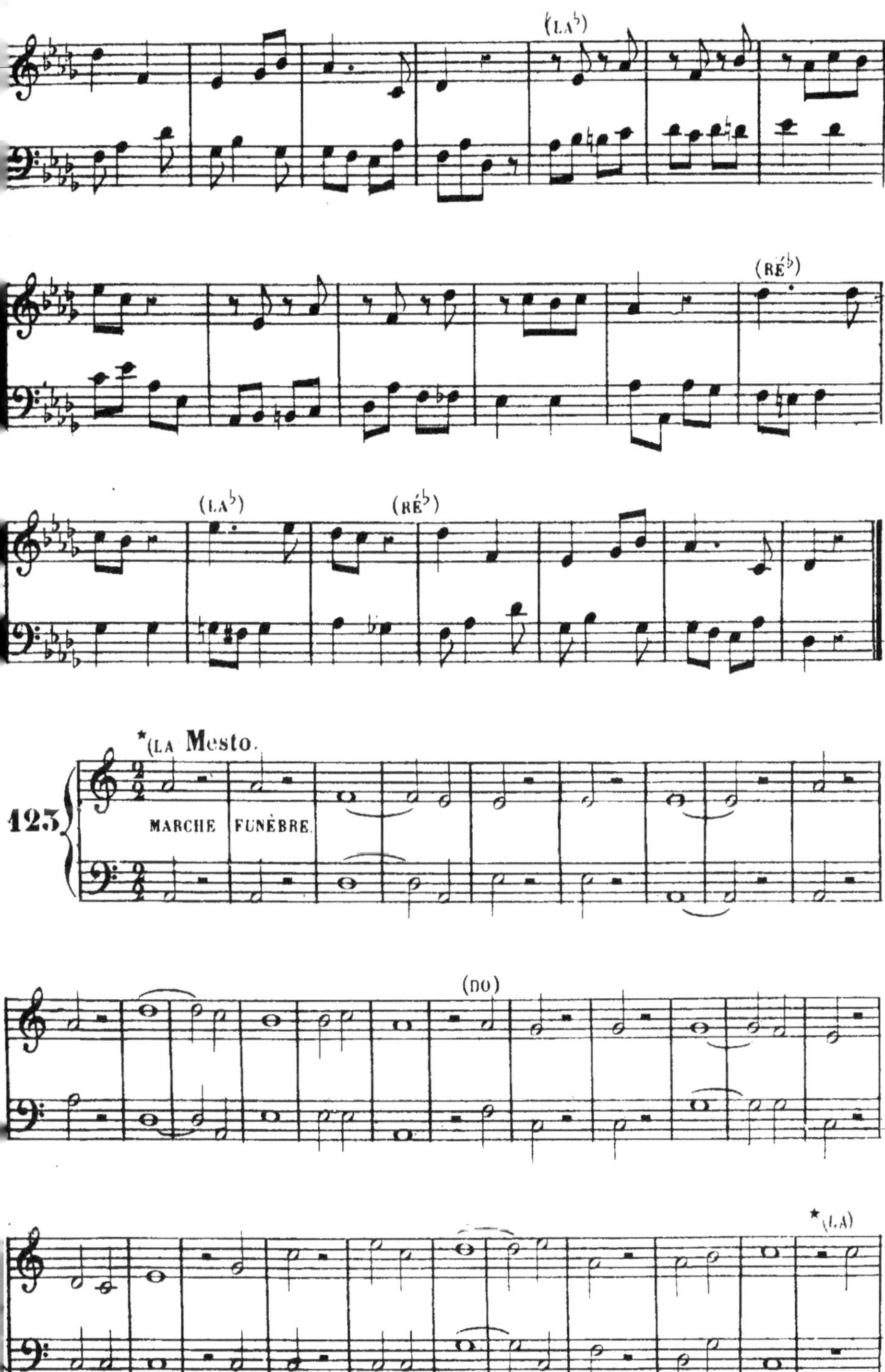
(LA♭)
(RÉ♭)
(LA♭)
(RÉ♭)
123
(LA Mesto.
MARCHE FUNÈBRE.
(DO)
(LA)

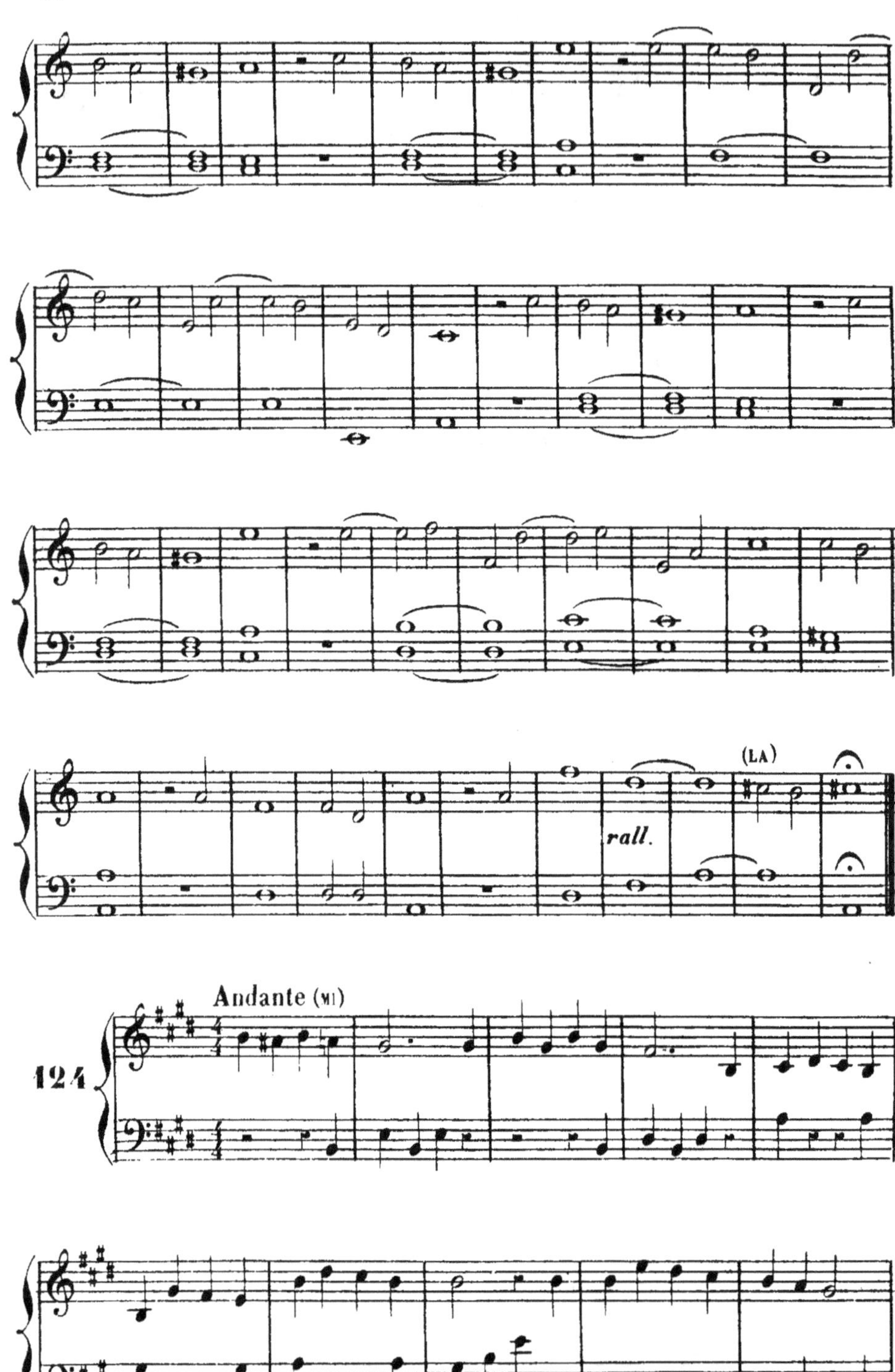
rall.
(LA)
Andante (MI)
124

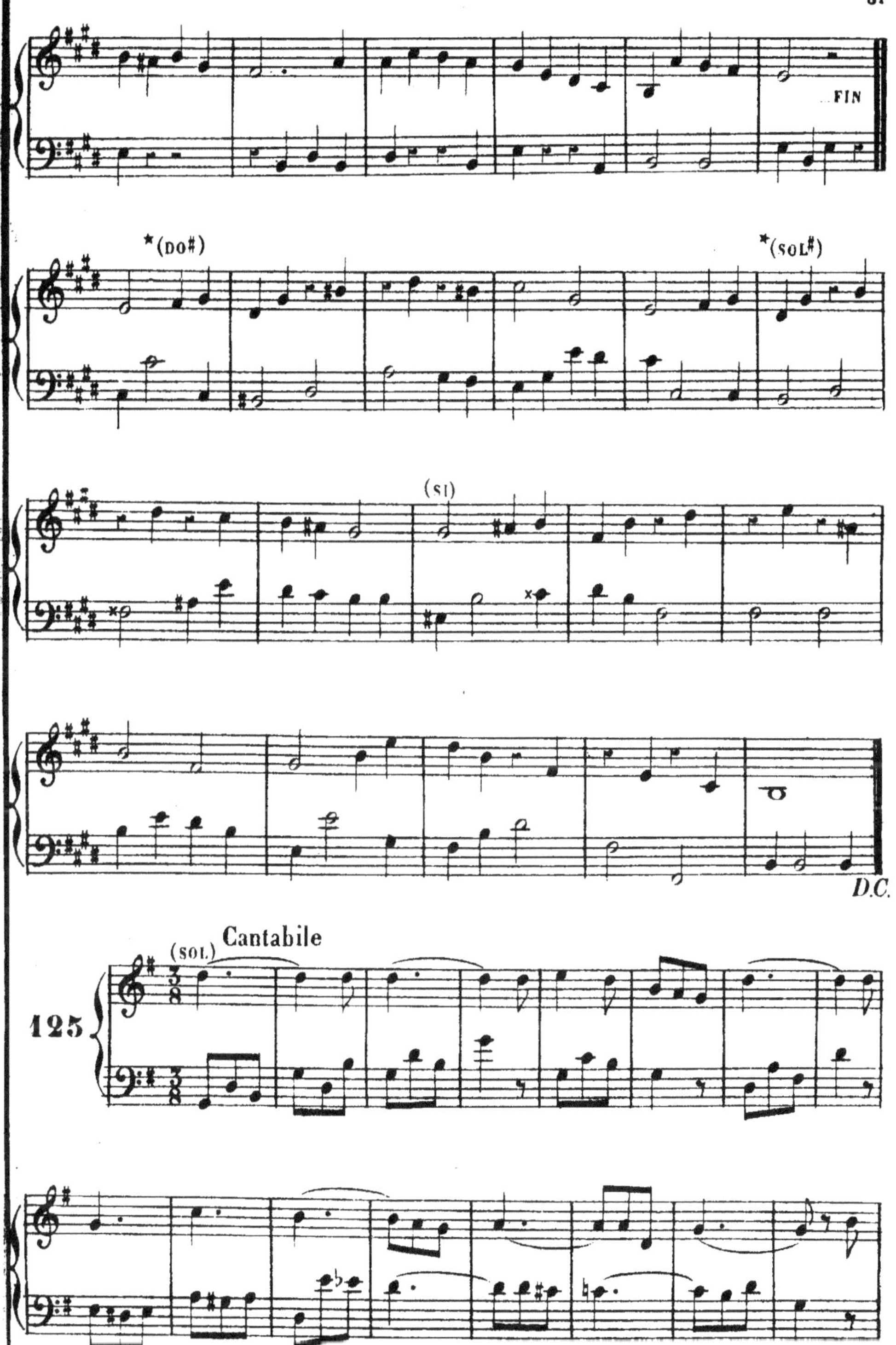
FIN
*(DO#)
*(SOL#)
(SI)
D.C.
(SOL) Cantabile
125

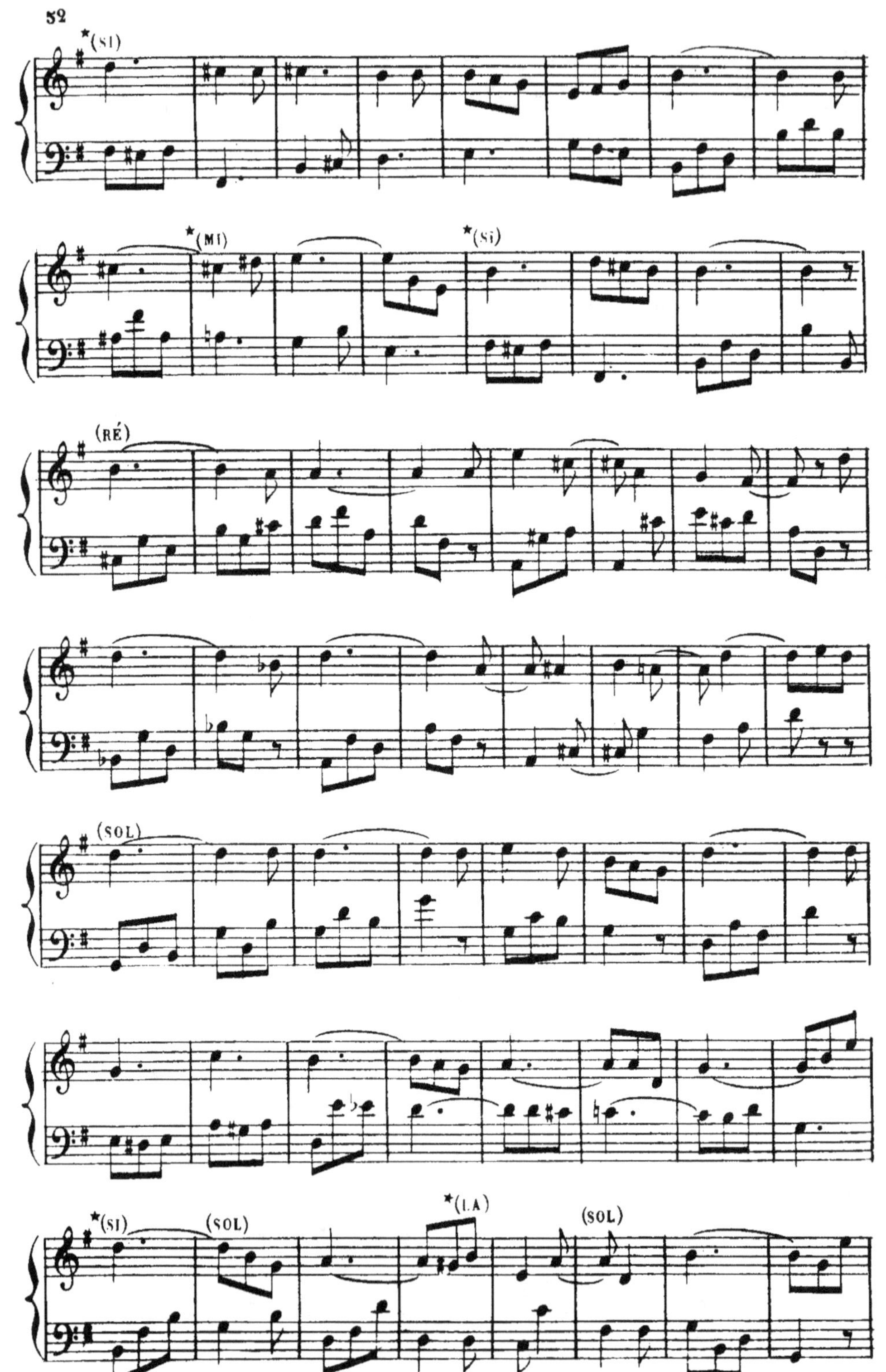

52
*(SI)
*(MI)
*(SI)
(RÉ)
(SOL)
*(SI)
(SOL)
*(LA)
(SOL)

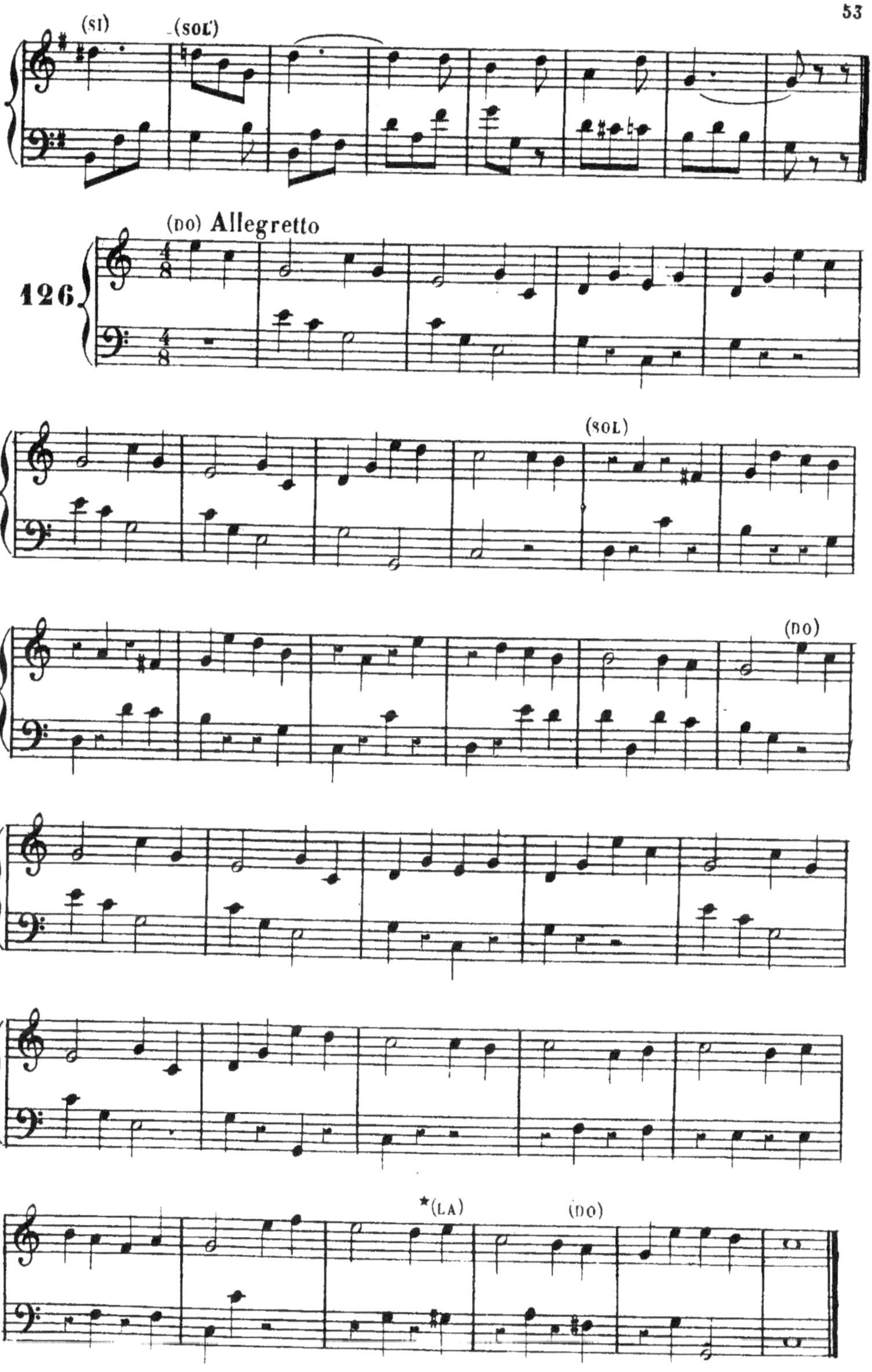

(SI)
(SOL)
(DO) Allegretto
126.
(SOL)
(DO)
*(LA)
(DO)

BERCEUSE.
(LA) Andantino.
127 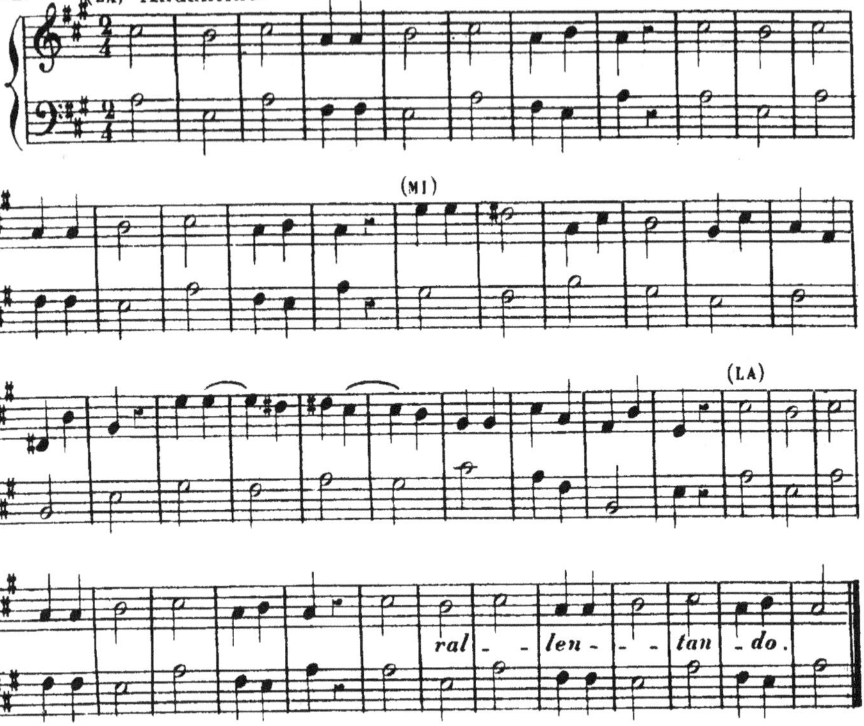
(MI)
(LA)
ral _ _len_ _ _tan _ do.
CHASSE.
(SOL) Prestissimo.
écho.
128
f
p
f
p
FIN.
f
p
(RÉ)
f
p
D.C.

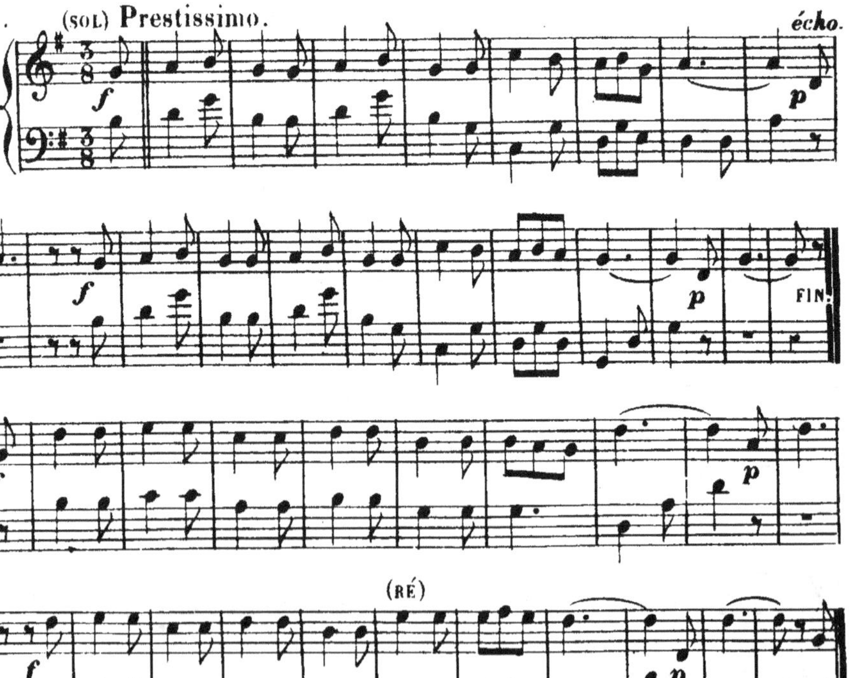

DIVISION DES TEMPS.

Dans les exercices précédents, on a toujours considéré chaque mesure comme une *unité*, et cette unité a été divisée en deux parties dans les mesures à deux temps, en trois parties dans les mesures à trois temps, et en quatre parties dans les mesures à quatre temps.

Dans les exercices qui vont suivre, c'est le *temps* qui sera pris comme *unité*, et chaque temps pourra être divisé en deux, trois ou quatre parties, afin de produire des moitiés, des tiers ou des quarts de temps.

MOITIÉS DE TEMPS.

On battra la mesure avec la main, en marquant deux, trois ou quatre temps, suivant l'indication de la mesure. On exprimera tous les temps par le mot *un*, les moitiés par *un* ou *deux*, et les silences par le mot *chut*.

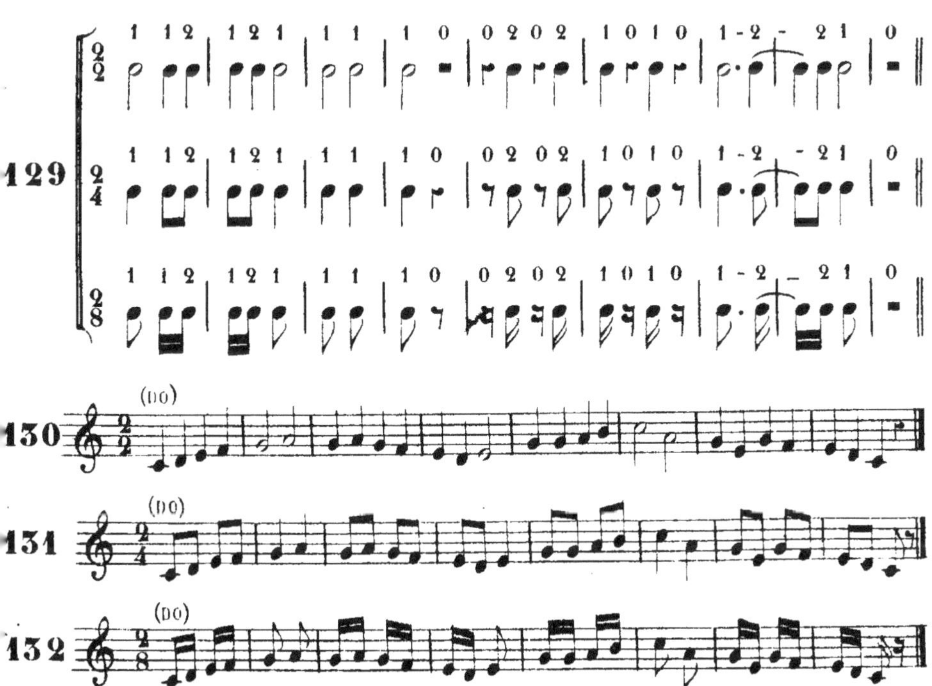

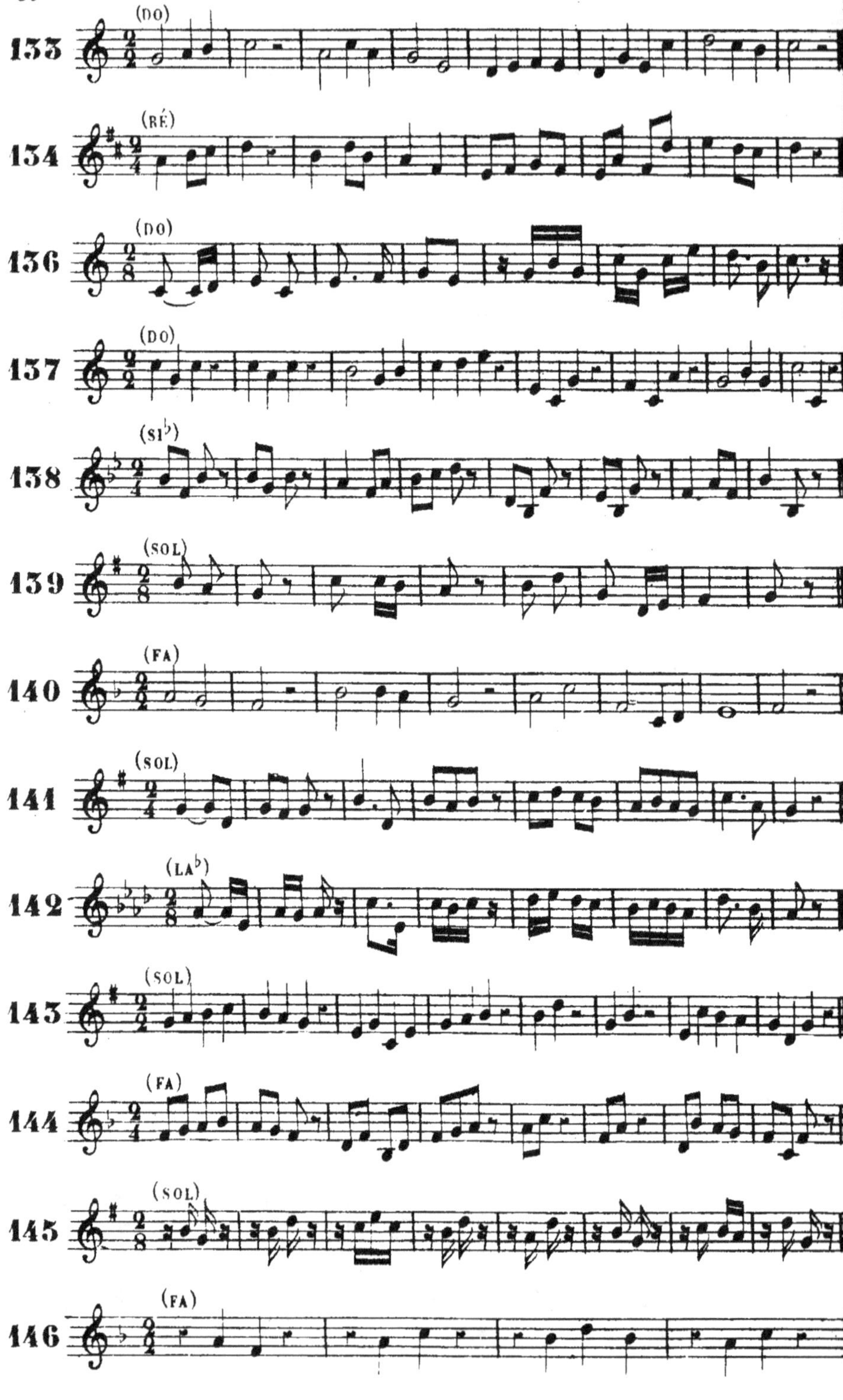

56
133 (DO)
134 (RÉ)
136 (DO)
137 (DO)
138 (SI♭)
139 (SOL)
140 (FA)
141 (SOL)
142 (LA♭)
143 (SOL)
144 (FA)
145 (SOL)
146 (FA)

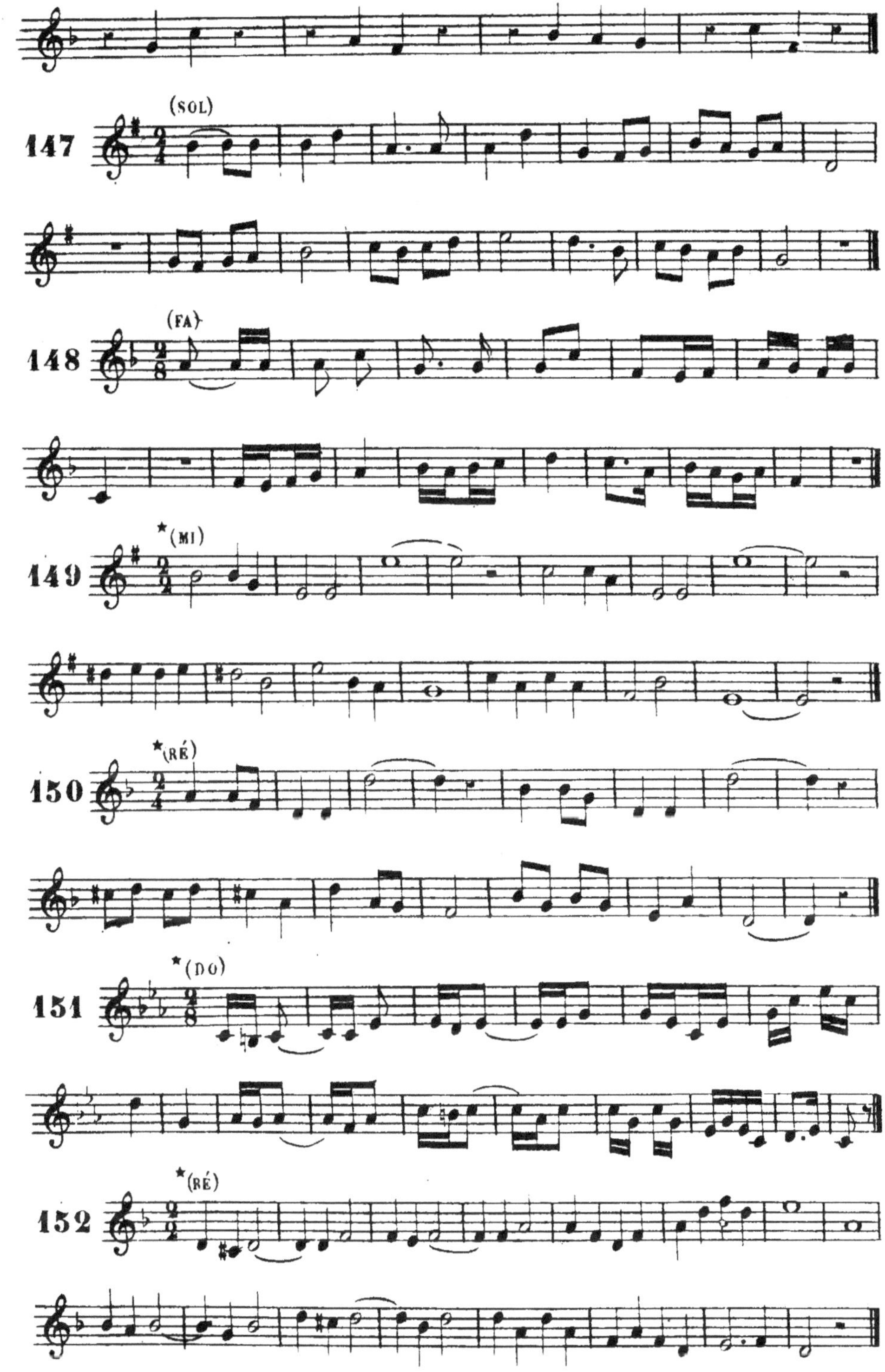
147 (SOL)
148 (FA)
149 *(MI)
150 *(RÉ)
151 *(DO)
152 *(RÉ)

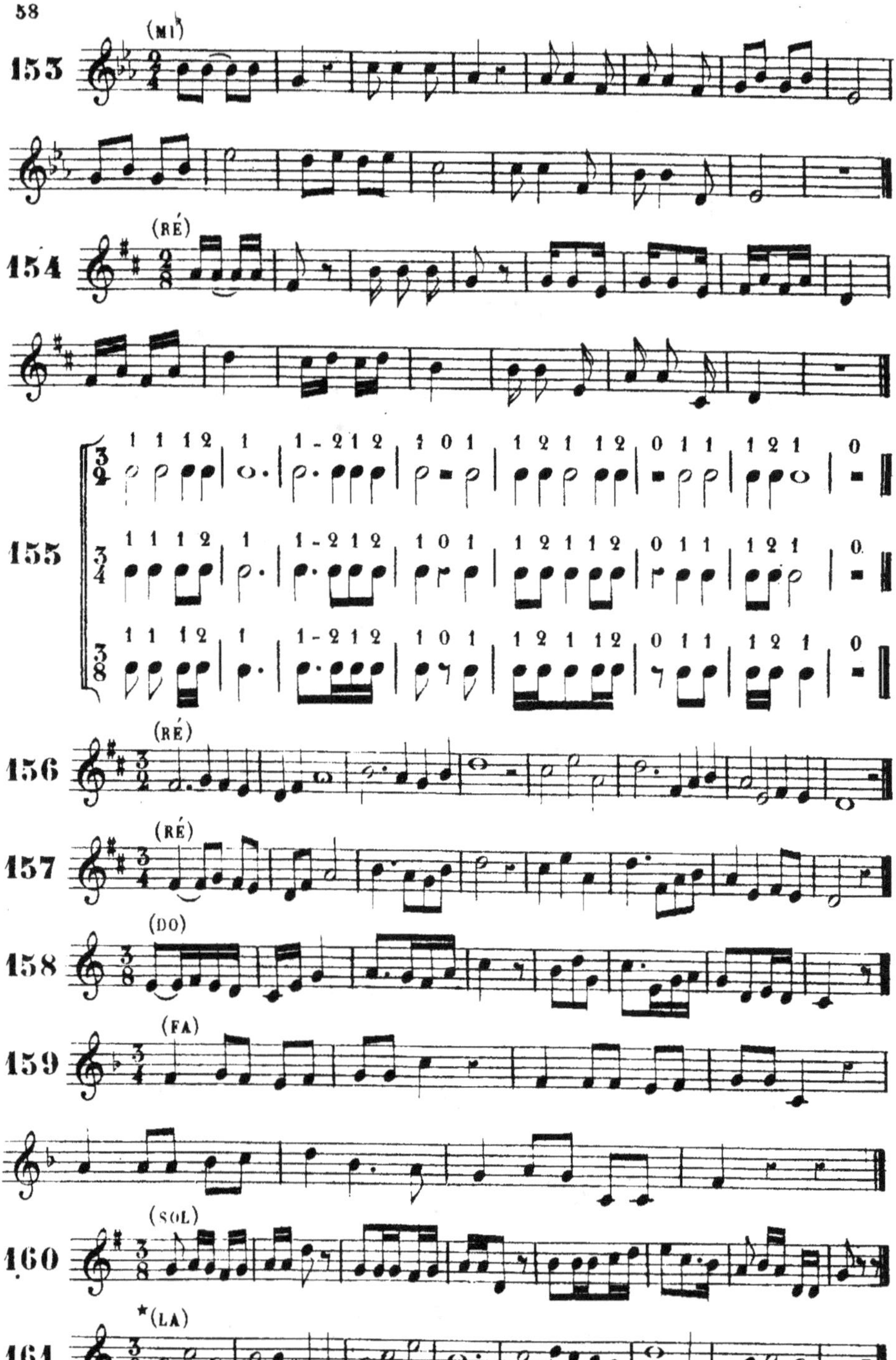

58

153
(MI♭)
154
(RÉ)
155
3/2 1 1 1 2 1 1-2 1 2 1 0 1 1 2 1 1 2 0 1 1 1 2 1 0
3/4 1 1 1 2 1 1-2 1 2 1 0 1 1 2 1 1 2 0 1 1 1 2 1 0
3/8 1 1 1 2 1 1-2 1 2 1 0 1 1 2 1 1 2 0 1 1 1 2 1 0
156
(RÉ)
157
(RÉ)
158
(DO)
159
(FA)
160
(SOL)
161
*(LA)
162
*(SOL)

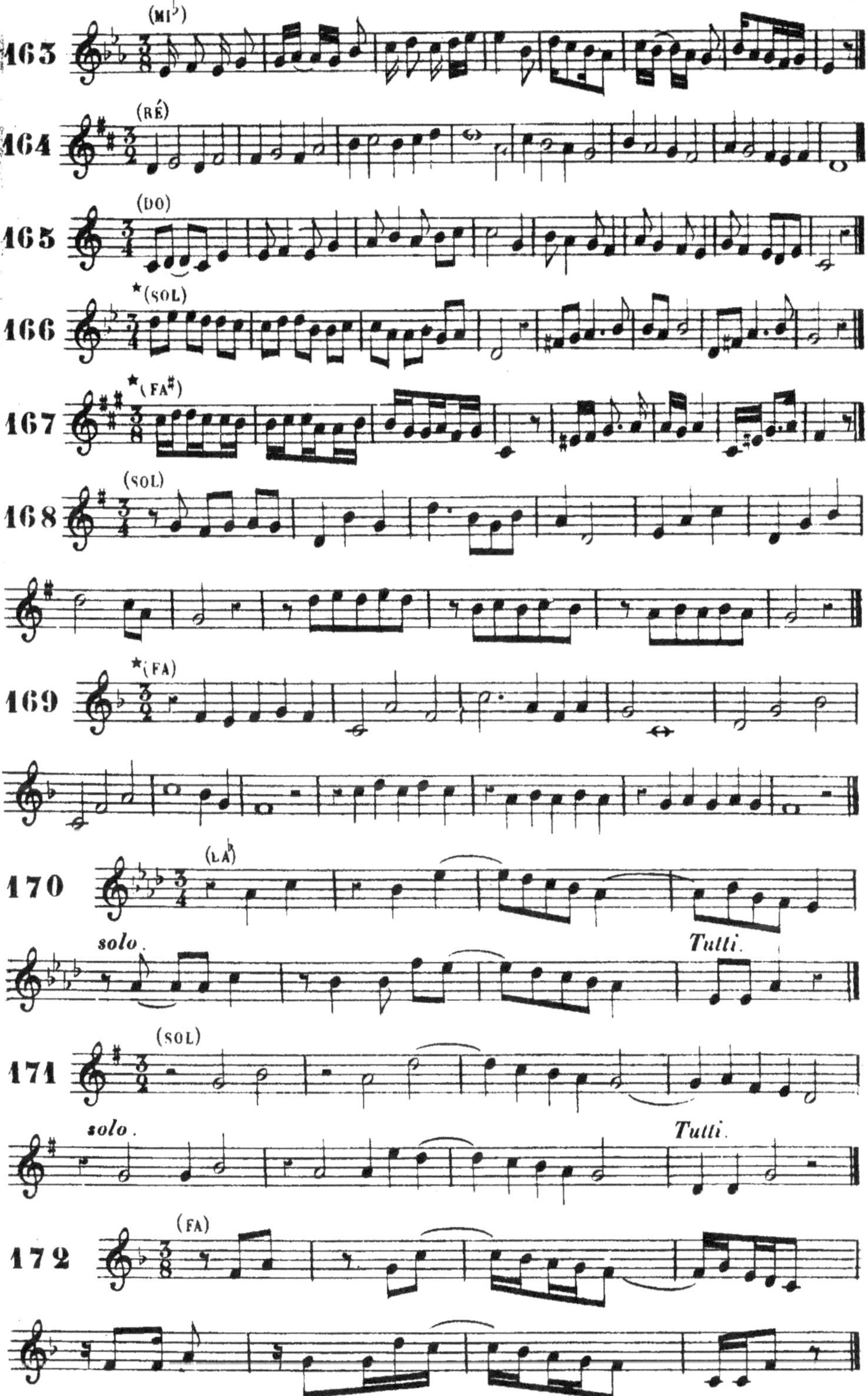
163 (MI♭)
164 (RÉ)
165 (DO)
166 ★(SOL)
167 ★(FA♯)
168 (SOL)
169 ★(FA)
170 (LA♭)
solo. Tutti.
171 (SOL)
solo. Tutti.
172 (FA)

60

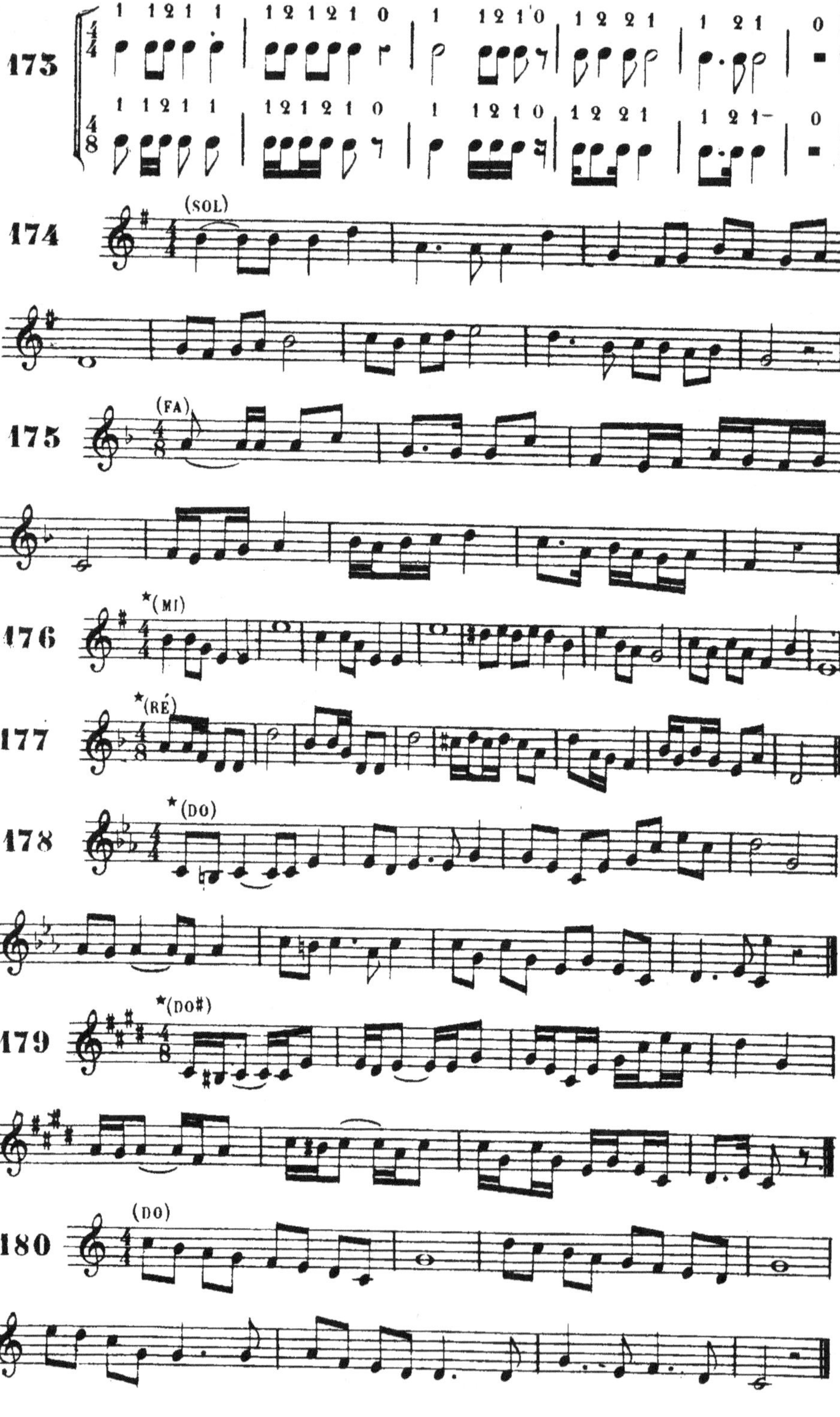
173
174 (SOL)
175 (FA)
176 ★(MI)
177 ★(RÉ)
178 ★(DO)
179 ★(DO#)
180 (DO)

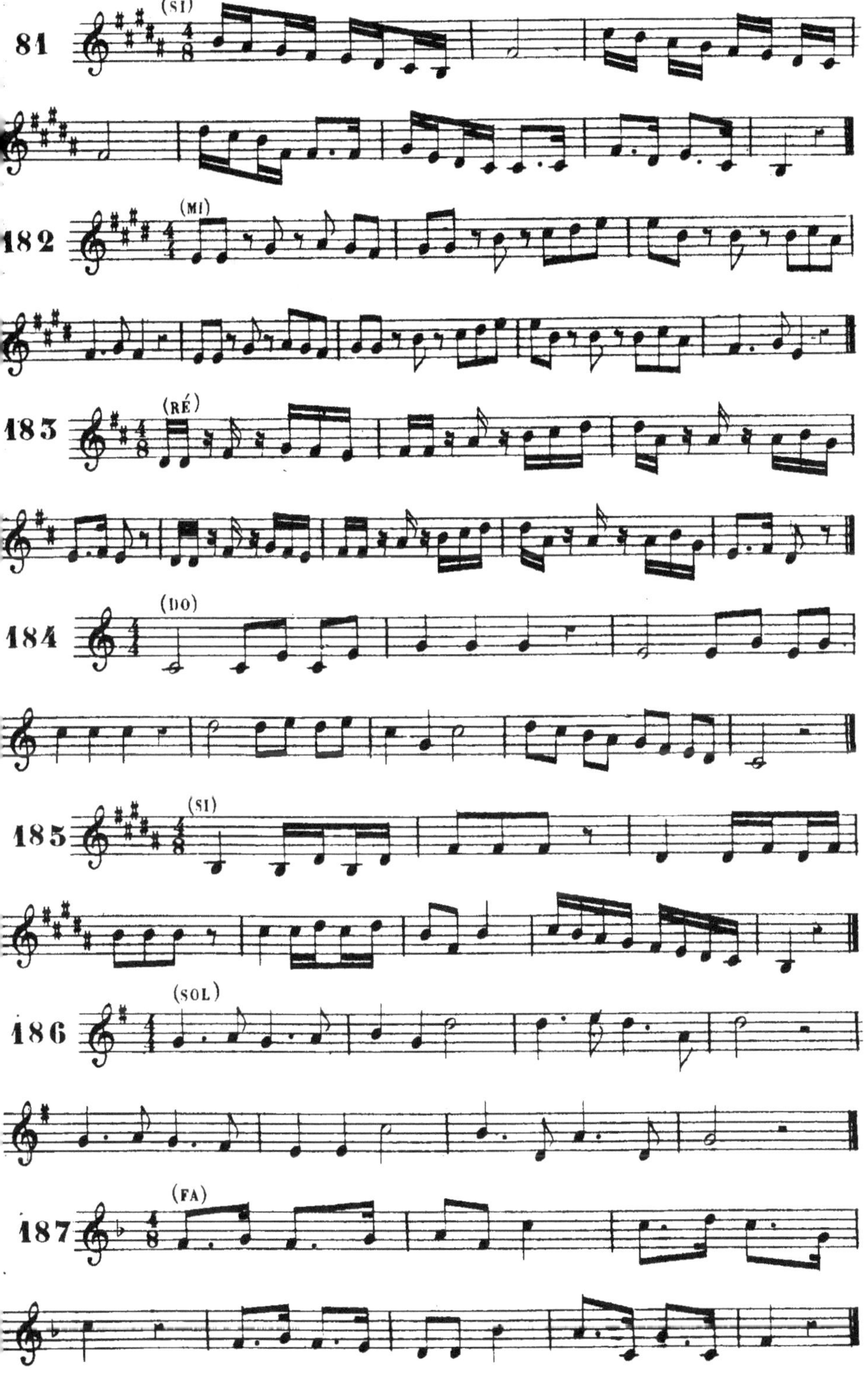
81
(SI)
182
(MI)
183
(RÉ)
184
(DO)
185
(SI)
186
(SOL)
187
(FA)

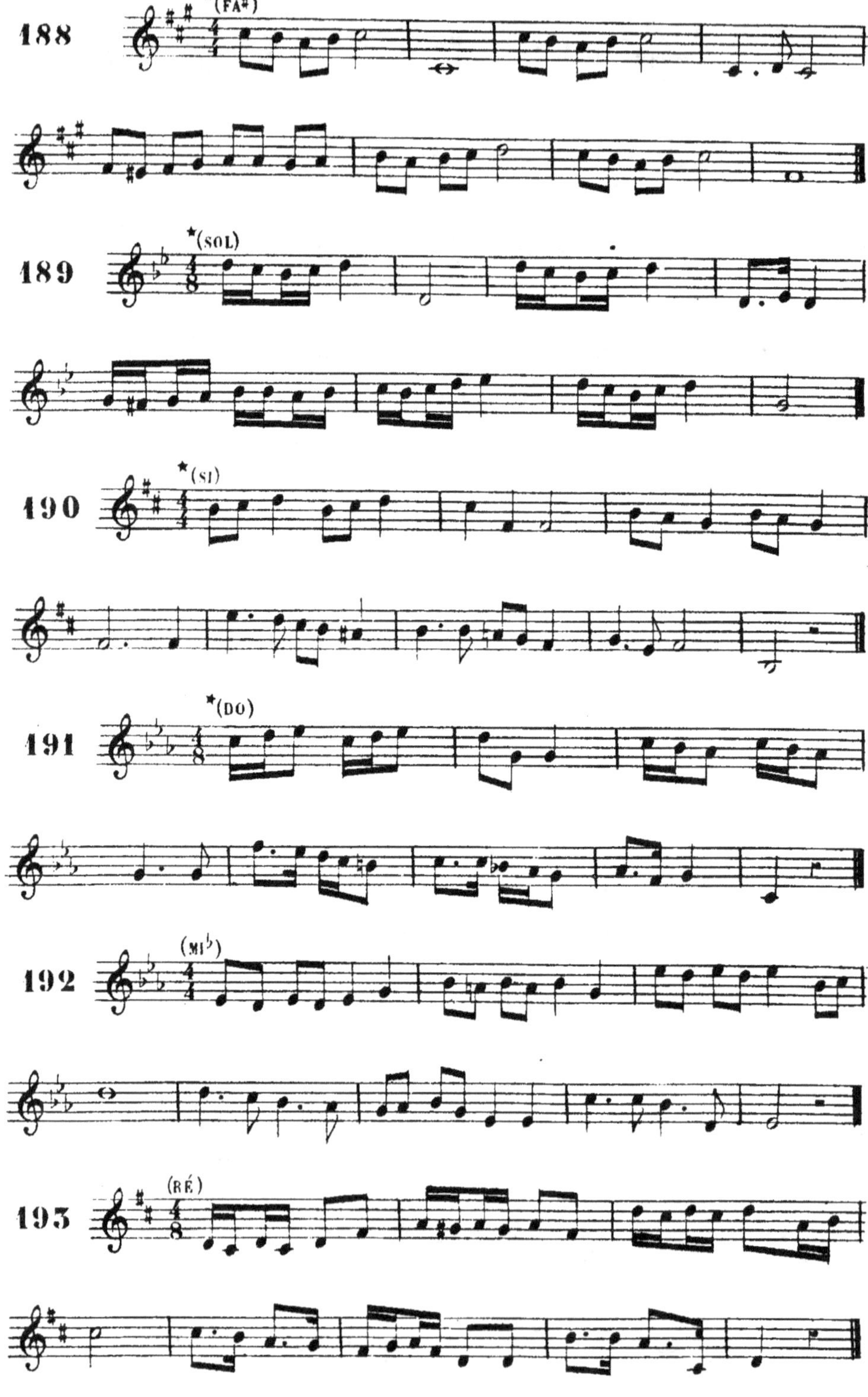
188
*(FA#)
189
*(SOL)
190
*(SI)
191
*(DO)
192
(MI♭)
193
(RÉ)

QUARTS DE TEMPS.

En rhythme, les temps s'expriment par le mot *un*, les moitiés par *un* ou *deux*; les quarts par *un, deux, trois* ou *quatre*; les silences par *chut*.

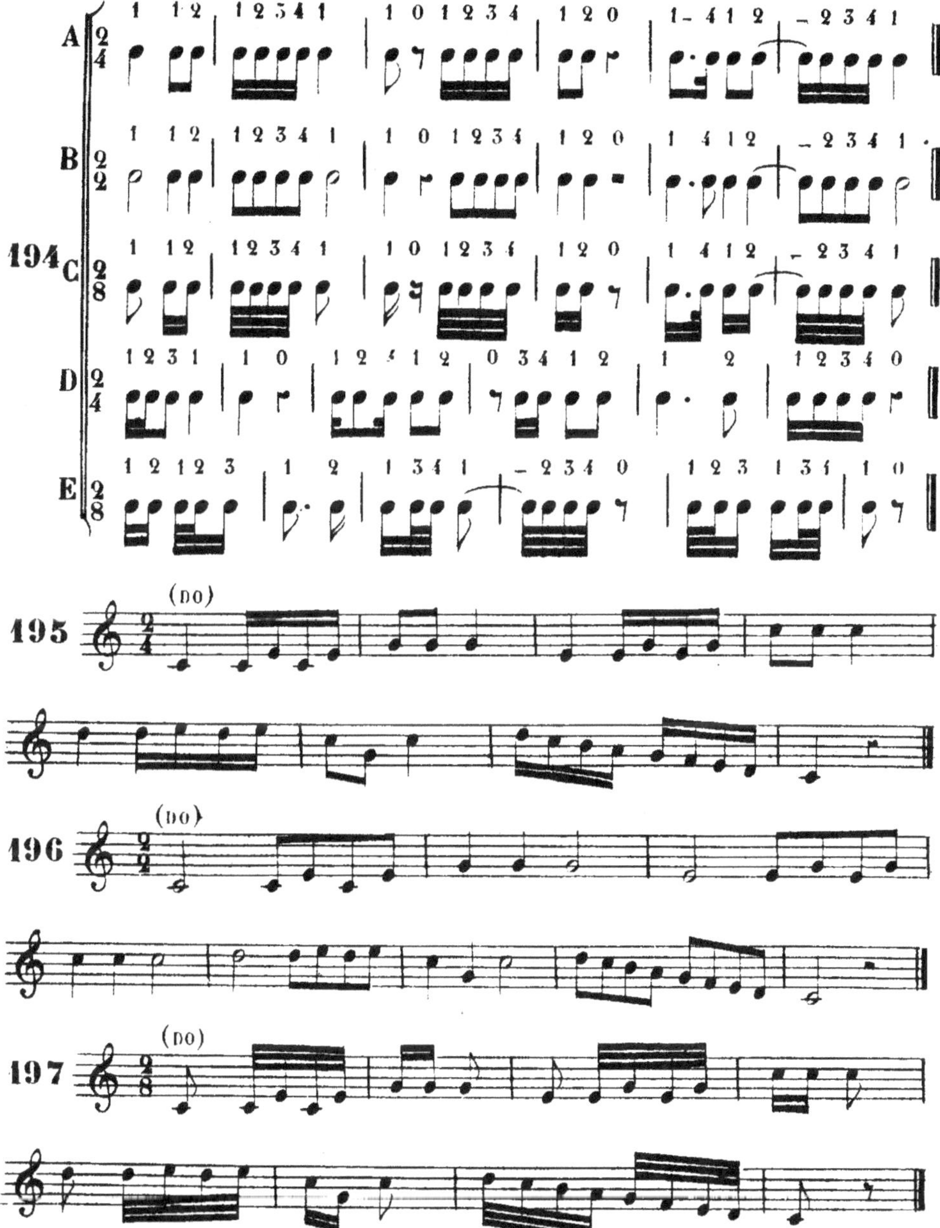

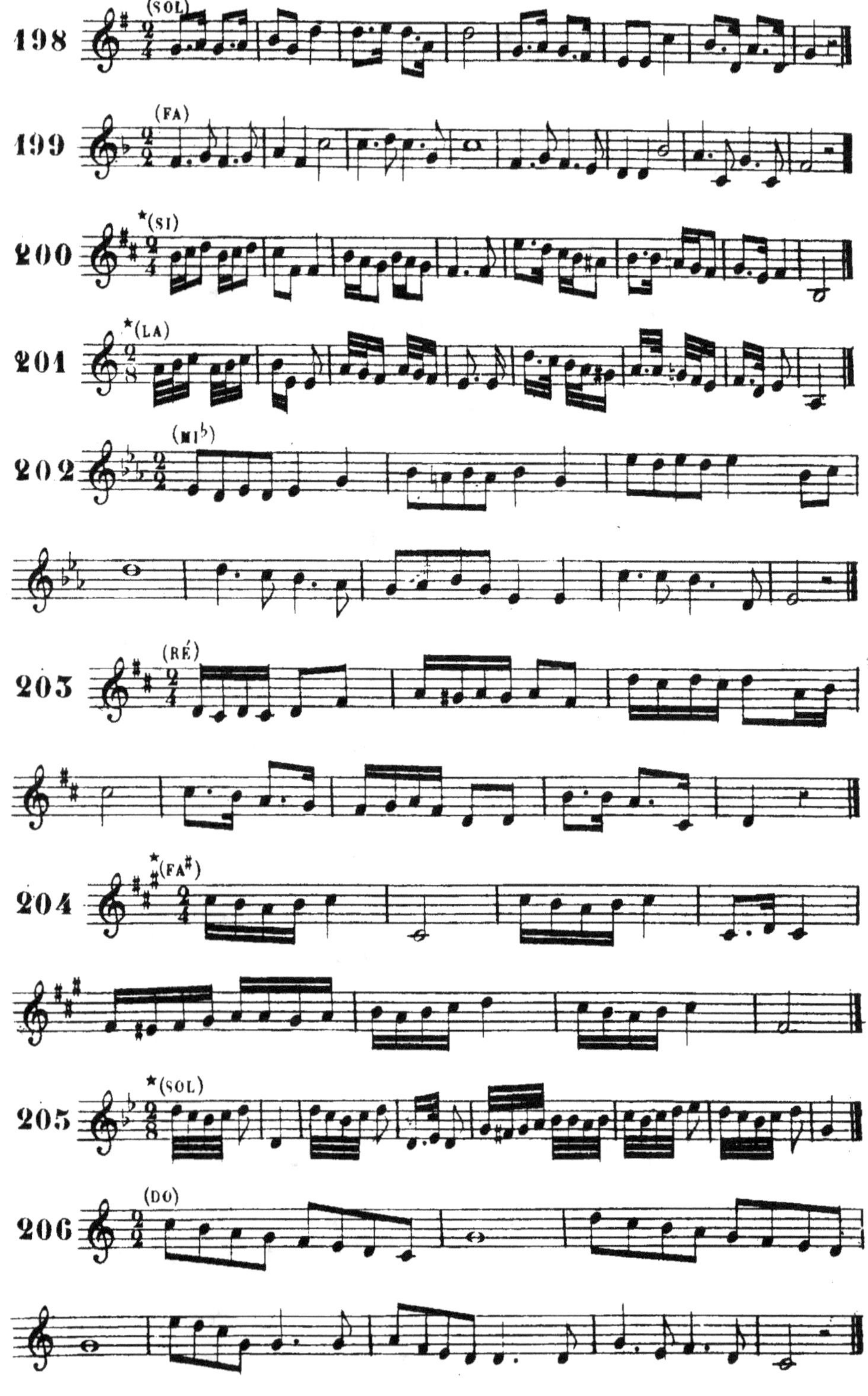
198 (SOL)
199 (FA)
200 *(SI)
201 *(LA)
202 (MI♭)
203 (RÉ)
204 *(FA♯)
205 *(SOL)
206 (DO)

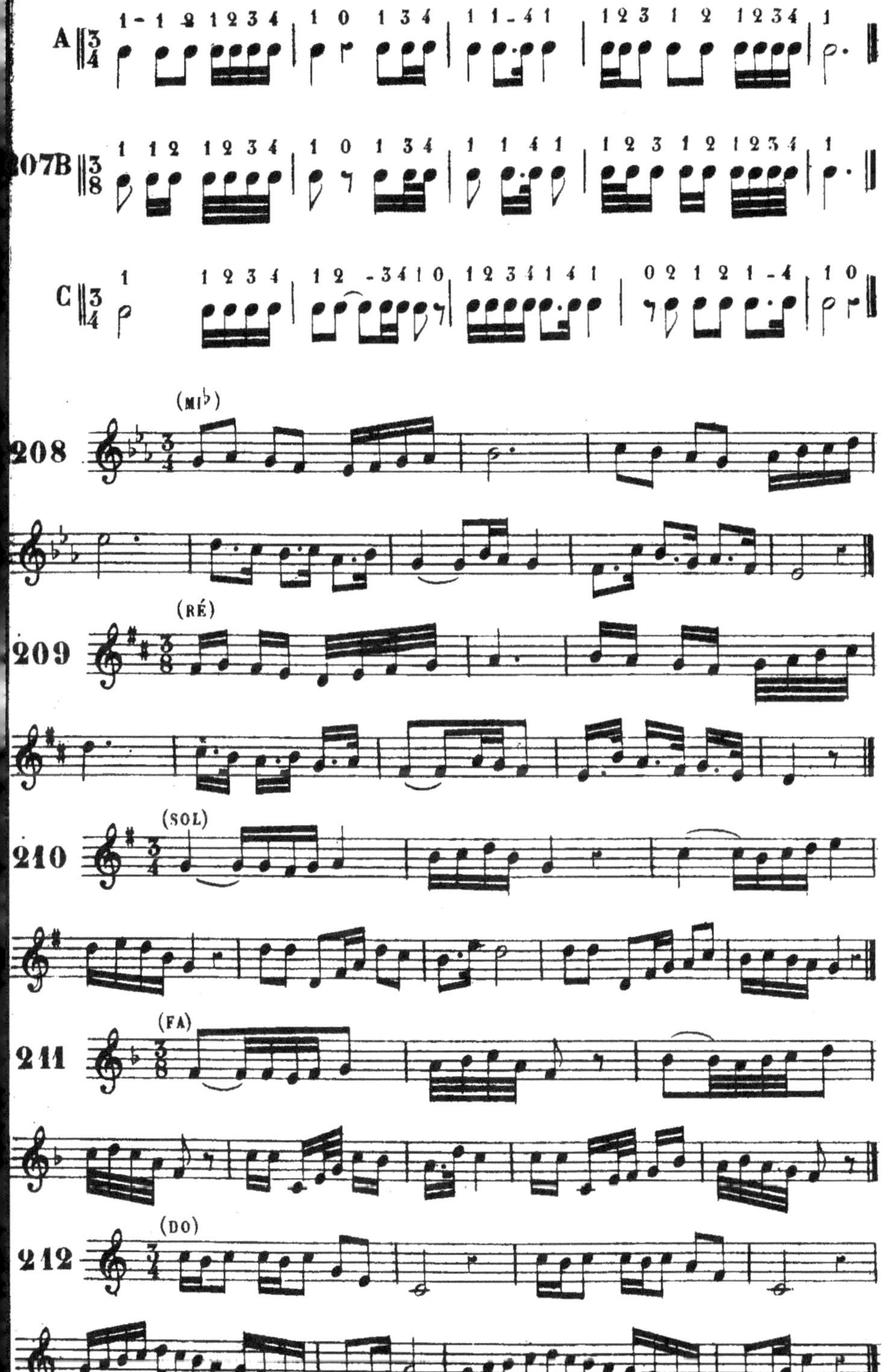
A
207B
C
208
(MI♭)
209
(RÉ)
210
(SOL)
211
(FA)
212
(DO)

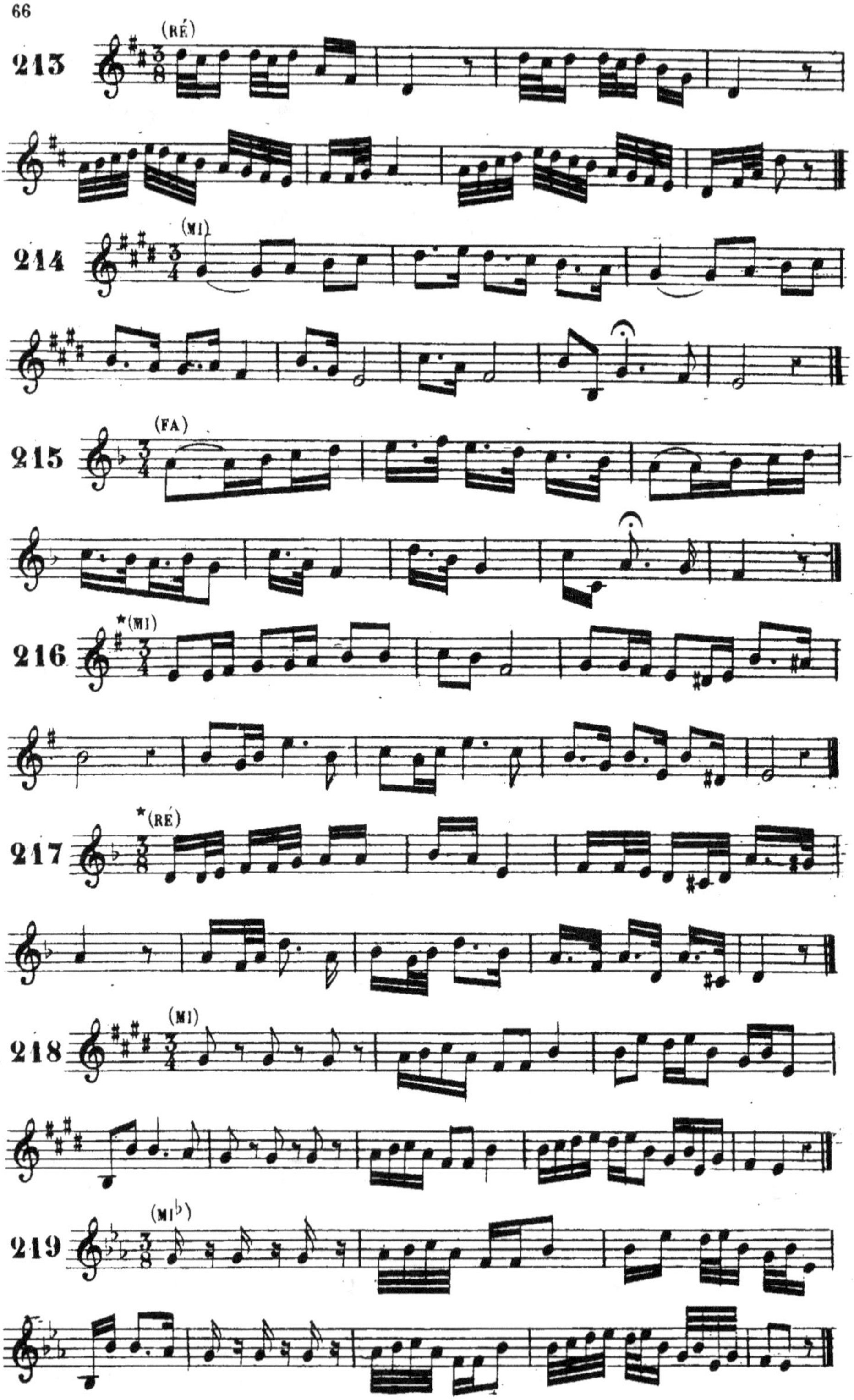

213 (RÉ)
214 (MI)
215 (FA)
216 ★(MI)
217 ★(RÉ)
218 (MI)
219 (MI♭)

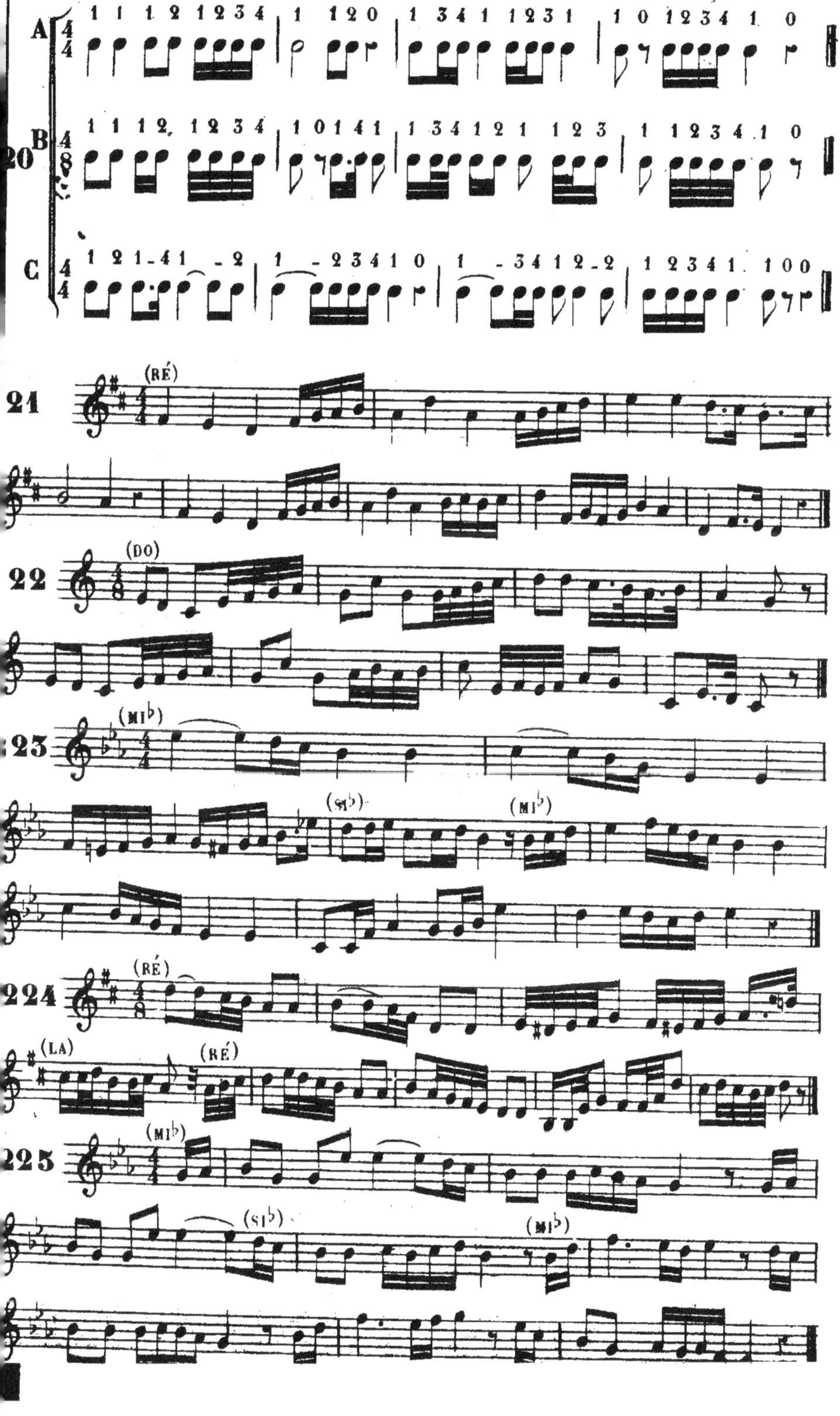

A
1 1 1 2 1234 1 120 1 341 1231 1 0 1234 1 0
B
1 1 12 1234 1 0141 1 341 21 1 23 1 1234 1 0
C
1 21-41 -2 1 -23410 1 -3412-2 12341 100
(RÉ)
(DO)
(MI♭)
(SI♭) (MI♭)
(RÉ)
(LA) (RÉ)
(MI♭)
(SI♭) (MI♭)
20
21
22
23
224
225

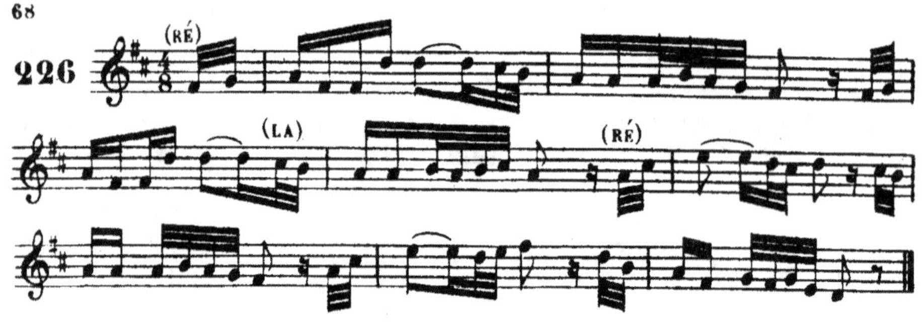

MESURES COMPOSÉES.

On appelle *mesures composées*, celles dont chaque temps est représenté par une *note pointée*, et se divise régulièrement en trois *tiers*.

Dans les mesures composées, le chiffre supérieur (*numérateur*) est toujours 3, 6, 9 ou 12; il indique le nombre de *tiers de temps* contenus dans la mesure. Le chiffre inférieur (*dénominateur*) désigne la figure qui doit représenter les tiers de temps: 4 pour la noire, 8 pour la croche, et 16 pour la double-croche.

TABLEAU
DES MESURES COMPOSÉES.

	(1)		
Mesures à un temps.	$\frac{3}{4}$ — Trois noires	$\frac{3}{8}$ — Trois croches	$\frac{3}{16}$ — Trois doubles-croches
Mesures à deux temps.	$\frac{6}{4}$ — Six noires	$\frac{6}{8}$ — Six croches	$\frac{6}{16}$ — Six doubles-croches
Mesures à trois temps.	$\frac{9}{4}$ — Neuf noires	$\frac{9}{8}$ — Neuf croches	$\frac{9}{16}$ — Neuf doubles-croches
Mesures à quatre temps	$\frac{12}{4}$ — Douze noires	$\frac{12}{8}$ — Douze croches	$\frac{12}{16}$ — Douze doubles-croches

(à un temps)

227 $\frac{3}{8}$

228 $\frac{6}{8}$

229 $\frac{9}{8}$

230 $\frac{12}{8}$

(1) Les mesures à $\frac{3}{4}$, $\frac{3}{8}$ et $\frac{3}{16}$ sont *simples* lorsqu'on les bat à trois temps; elles deviennent *composées* lorsqu'on les bat à un temps.

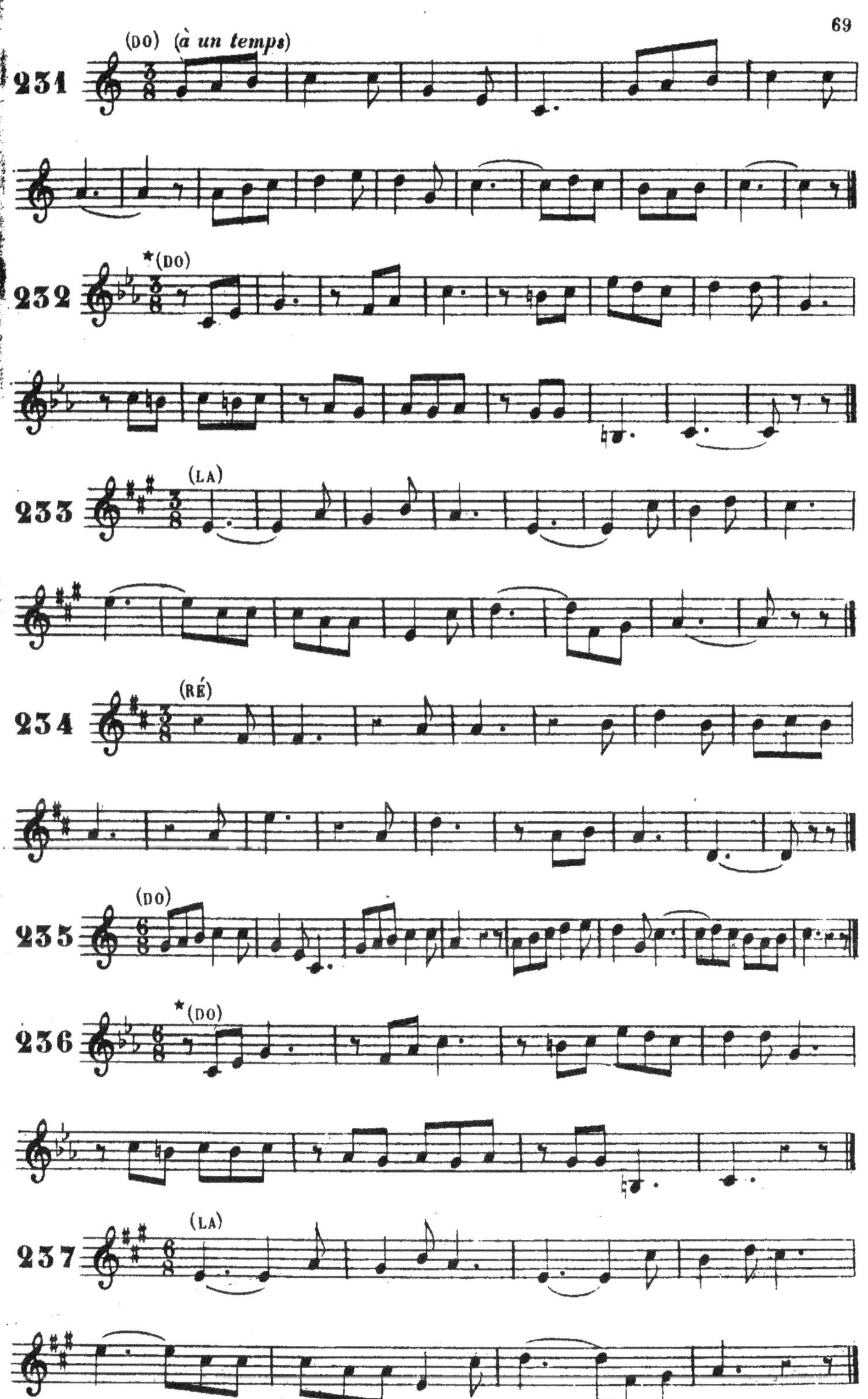
231 (DO) (à un temps)
232 *(DO)
233 (LA)
234 (RÉ)
235 (DO)
236 *(DO)
237 (LA)

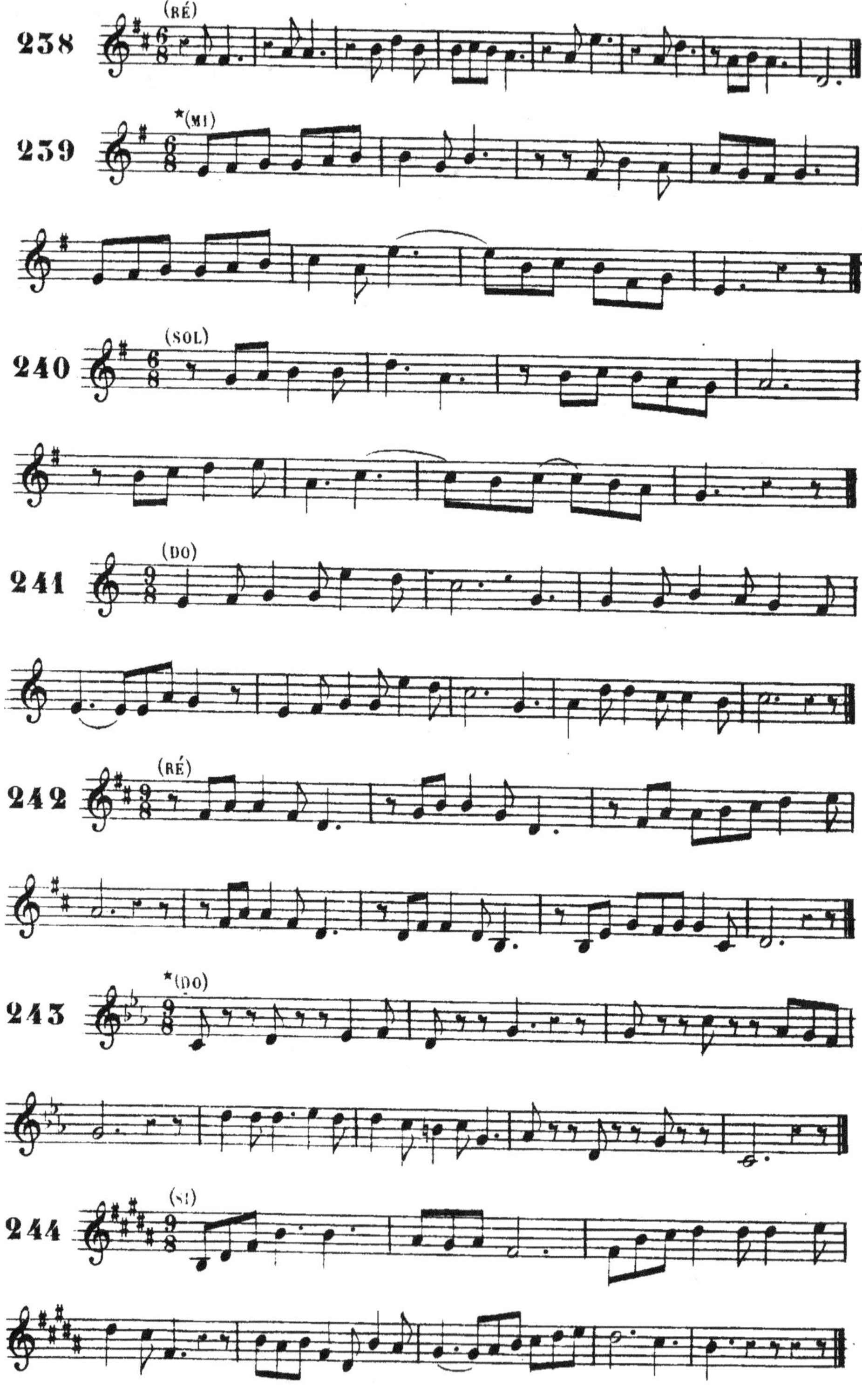
238
(RÉ)
239
*(MI)
240
(SOL)
241
(DO)
242
(RÉ)
243
*(DO)
244
(SI)

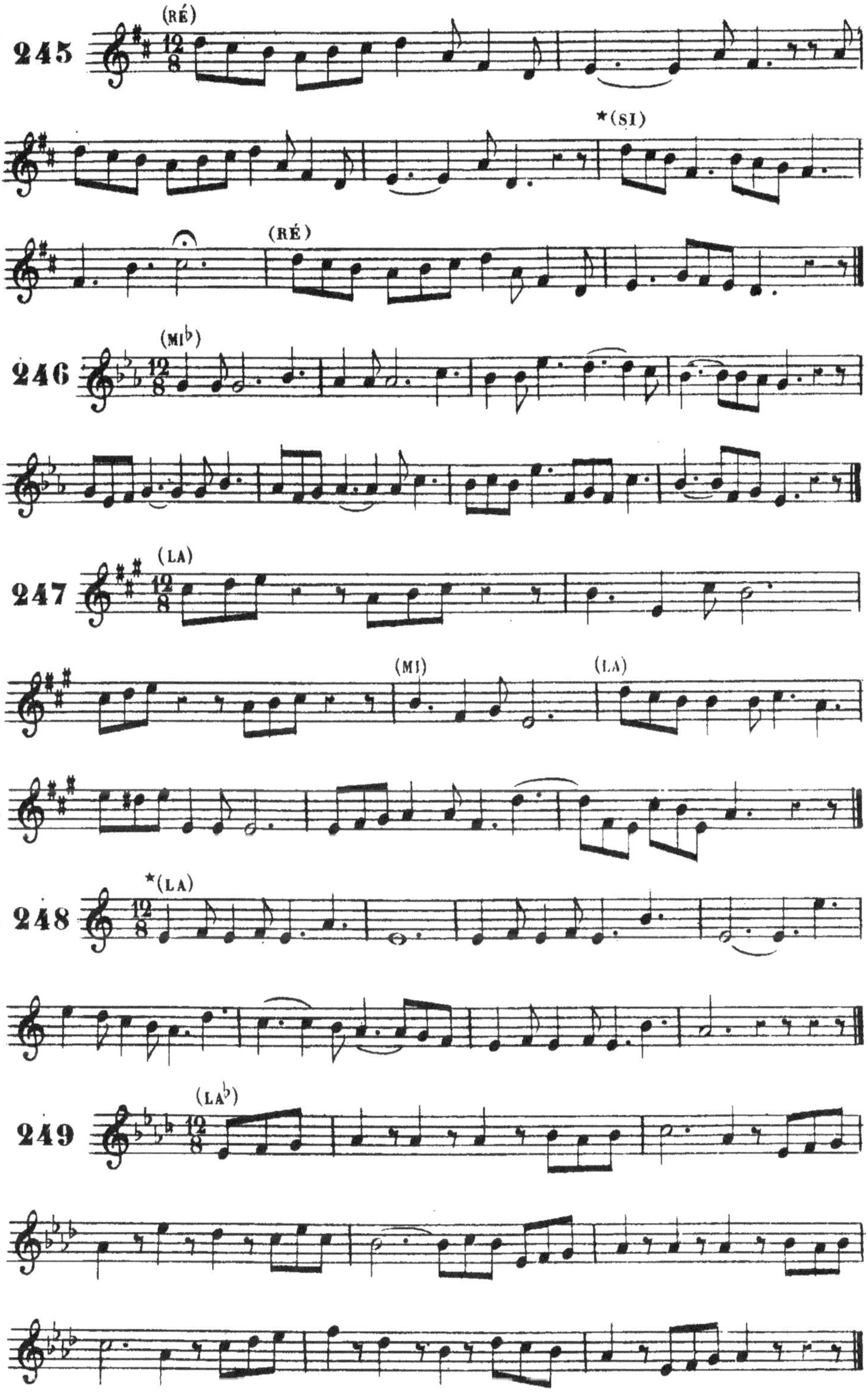

245
(RÉ)
★(SI)
(RÉ)
246
(MI♭)
247
(LA)
(MI)
(LA)
248
★(LA)
249
(LA♭)

250

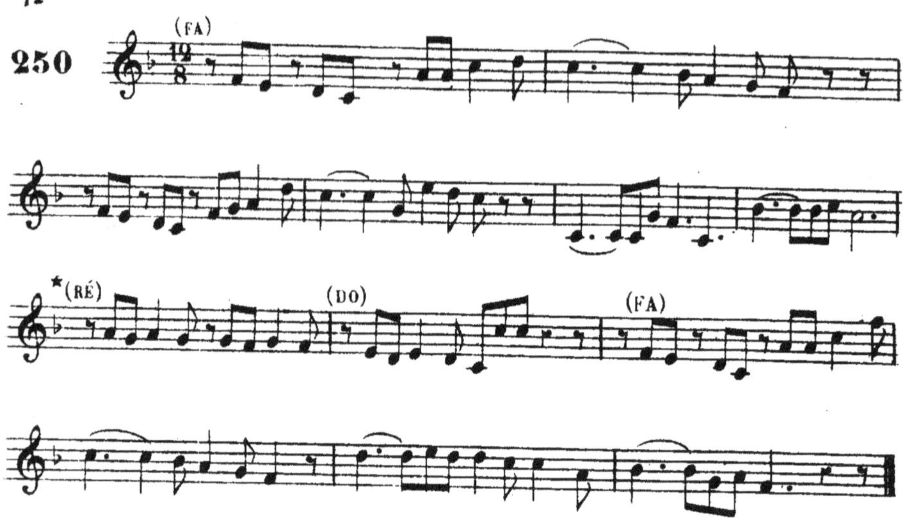

TRIOLETS.

On appelle *triolet*, un groupe de valeurs résultant de la division *ternaire* appliquée à une figure simple (*non pointée*).

251

252

253

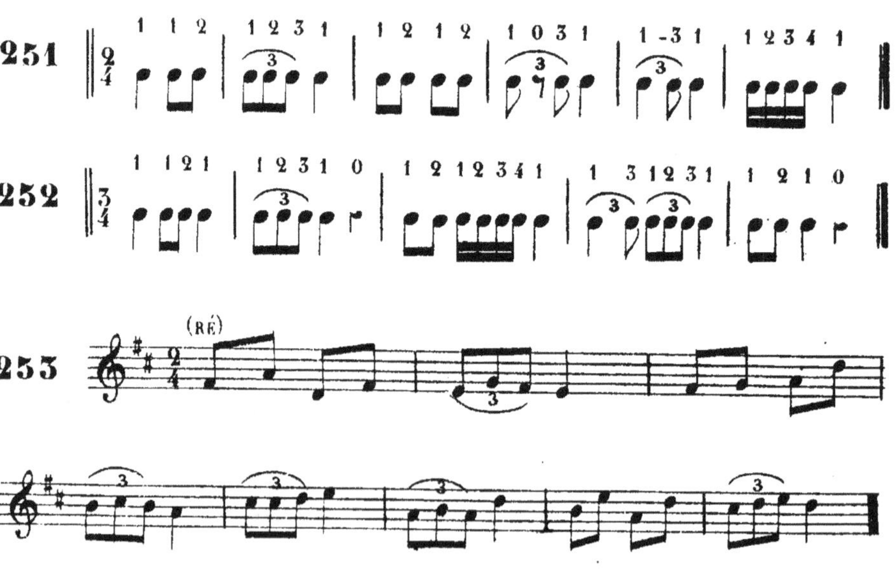

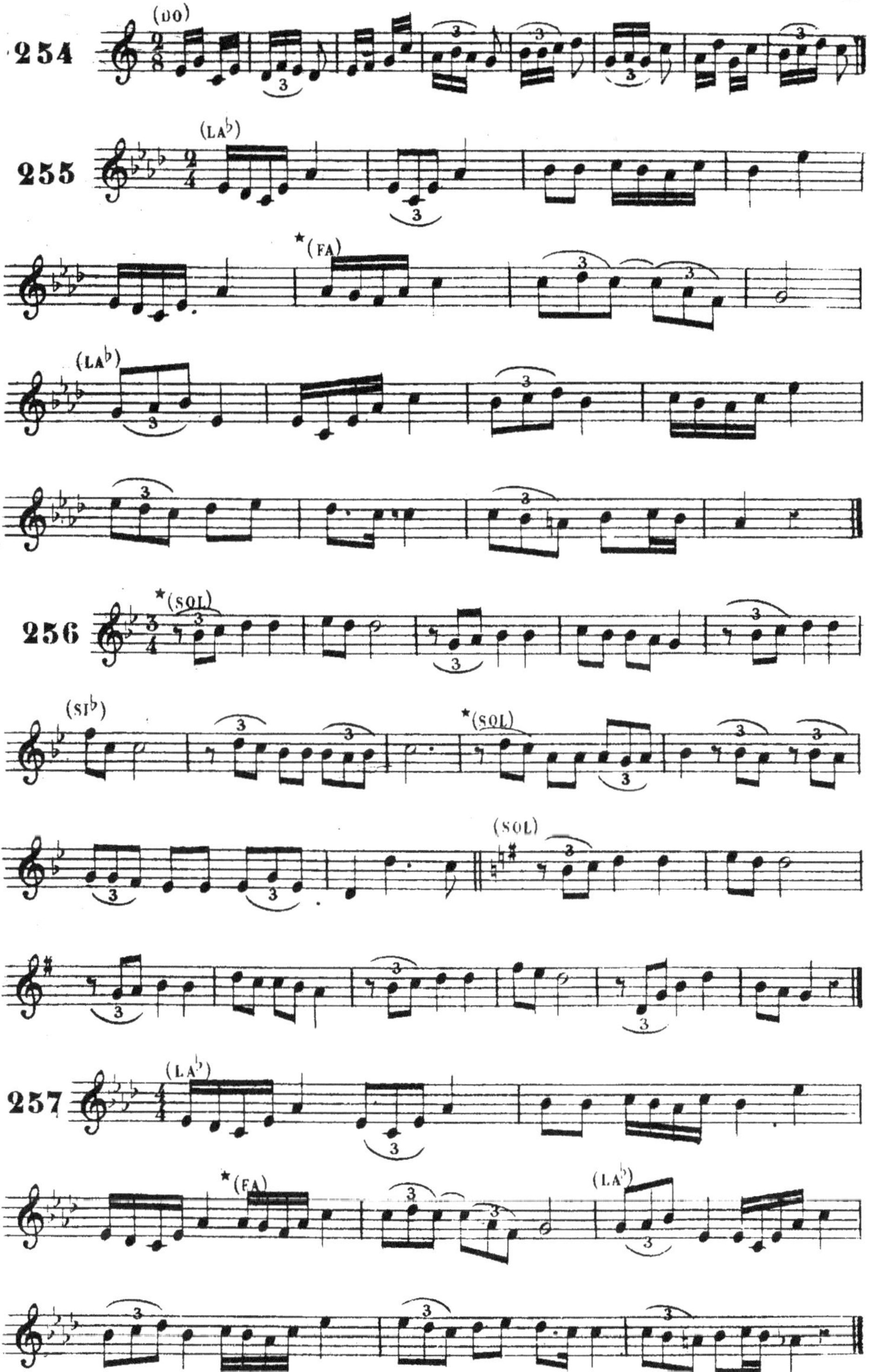
254
255
(DO)
(LA♭)
*(FA)
(LA♭)
256
*(SOL)
(SI♭)
*(SOL)
(SOL)
257
(LA♭)
*(FA)
(LA♭)

SOLFÈGES

AVEC BASSE D'ACCOMPAGNEMENT.

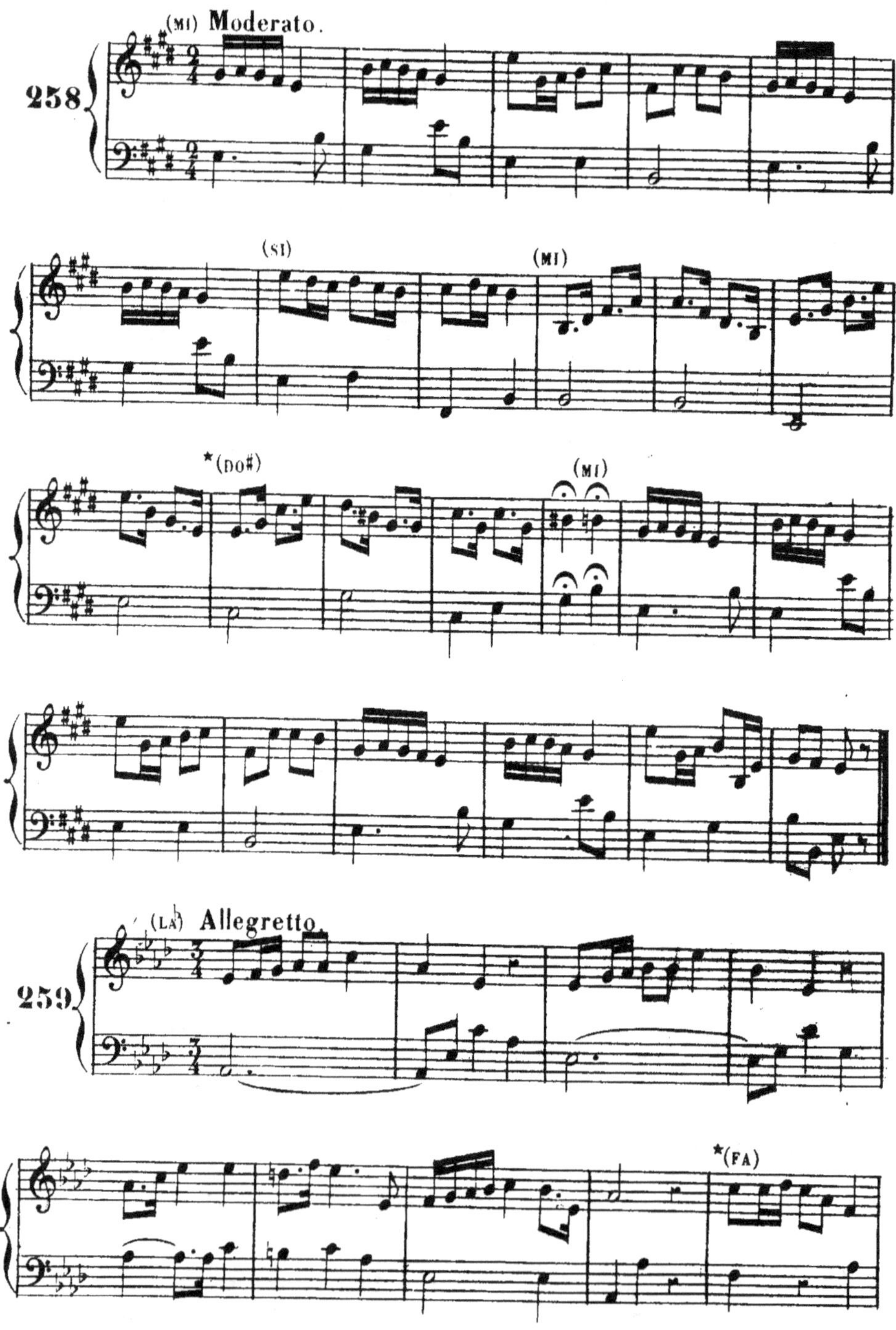

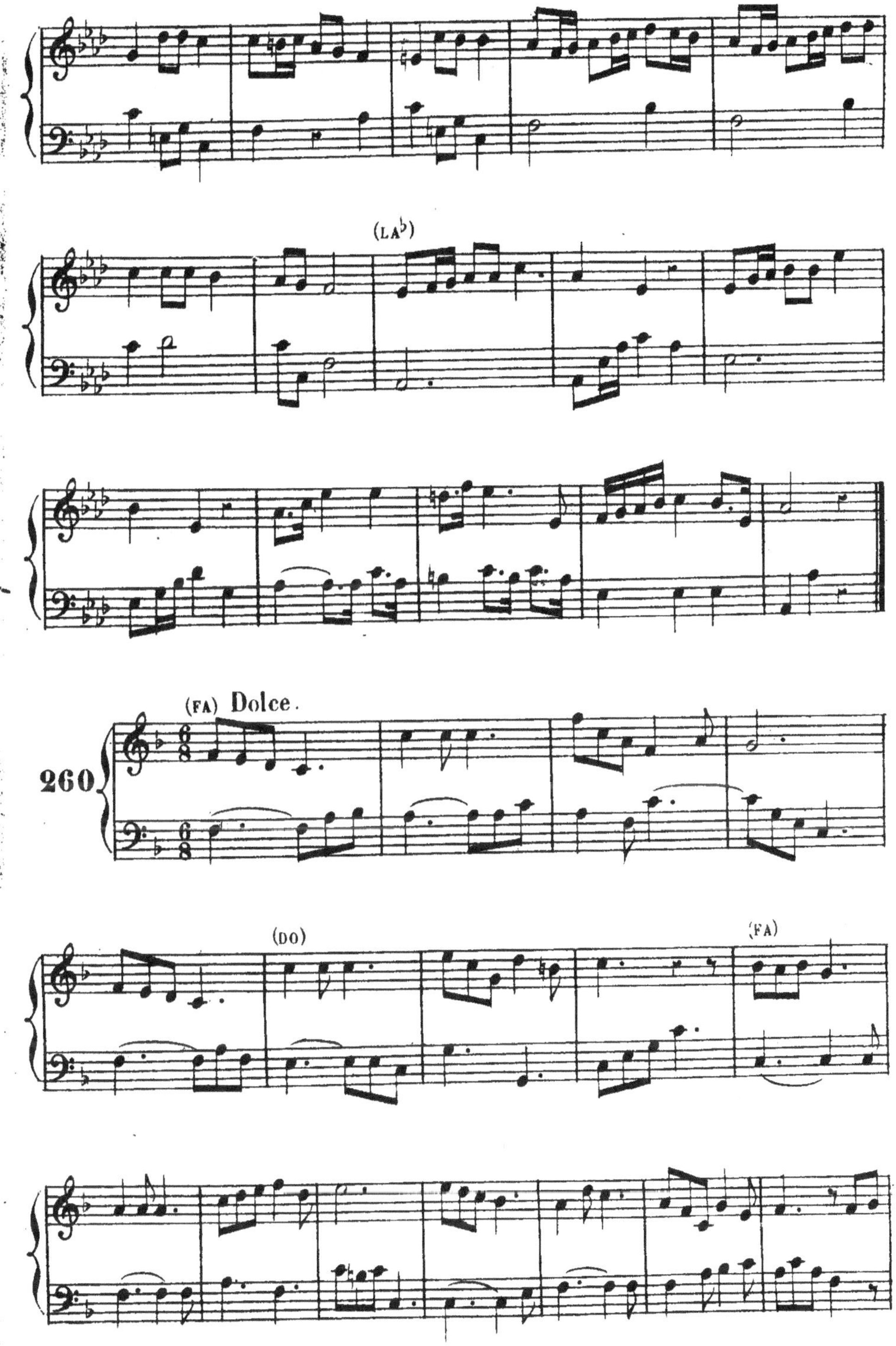

(LA♭)
(FA) Dolce.
260
(DO)
(FA)

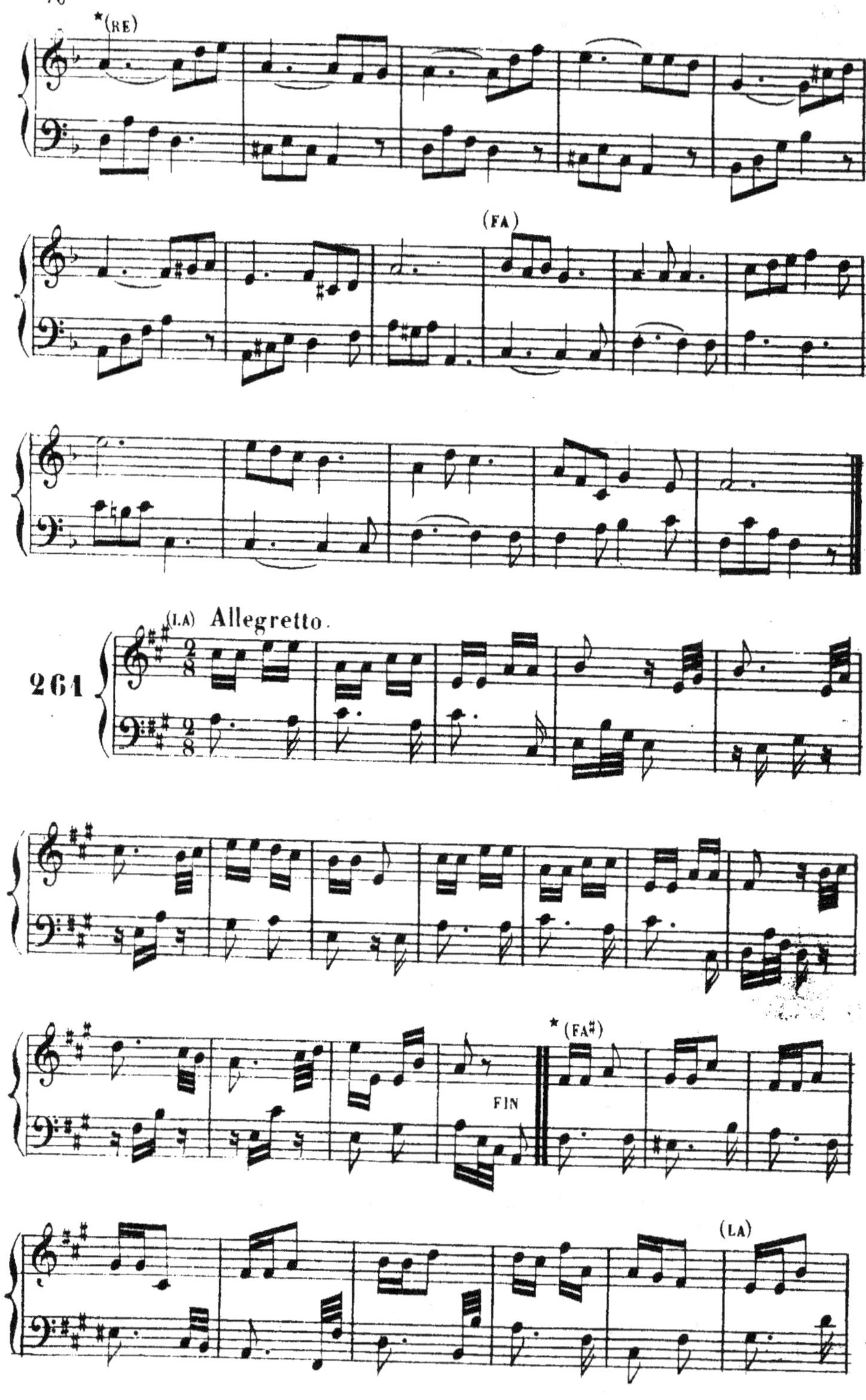
*(RE)
(FA)
(LA) Allegretto.
261
*(FA#)
FIN
(LA)

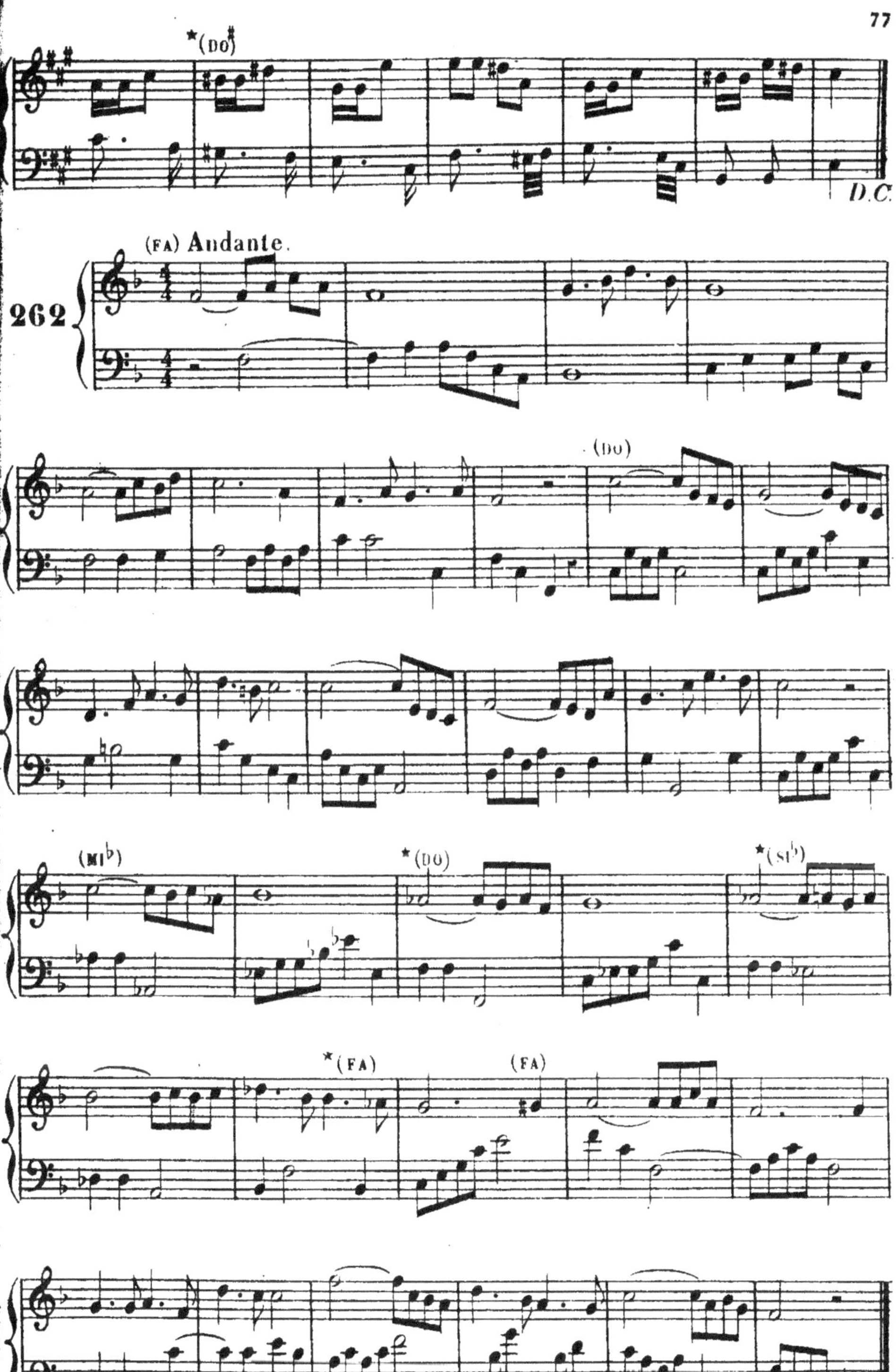
D.C.
262
(FA) Andante.
(DO)
(MI♭)
(DO)
(SI♭)
(FA)
(FA)

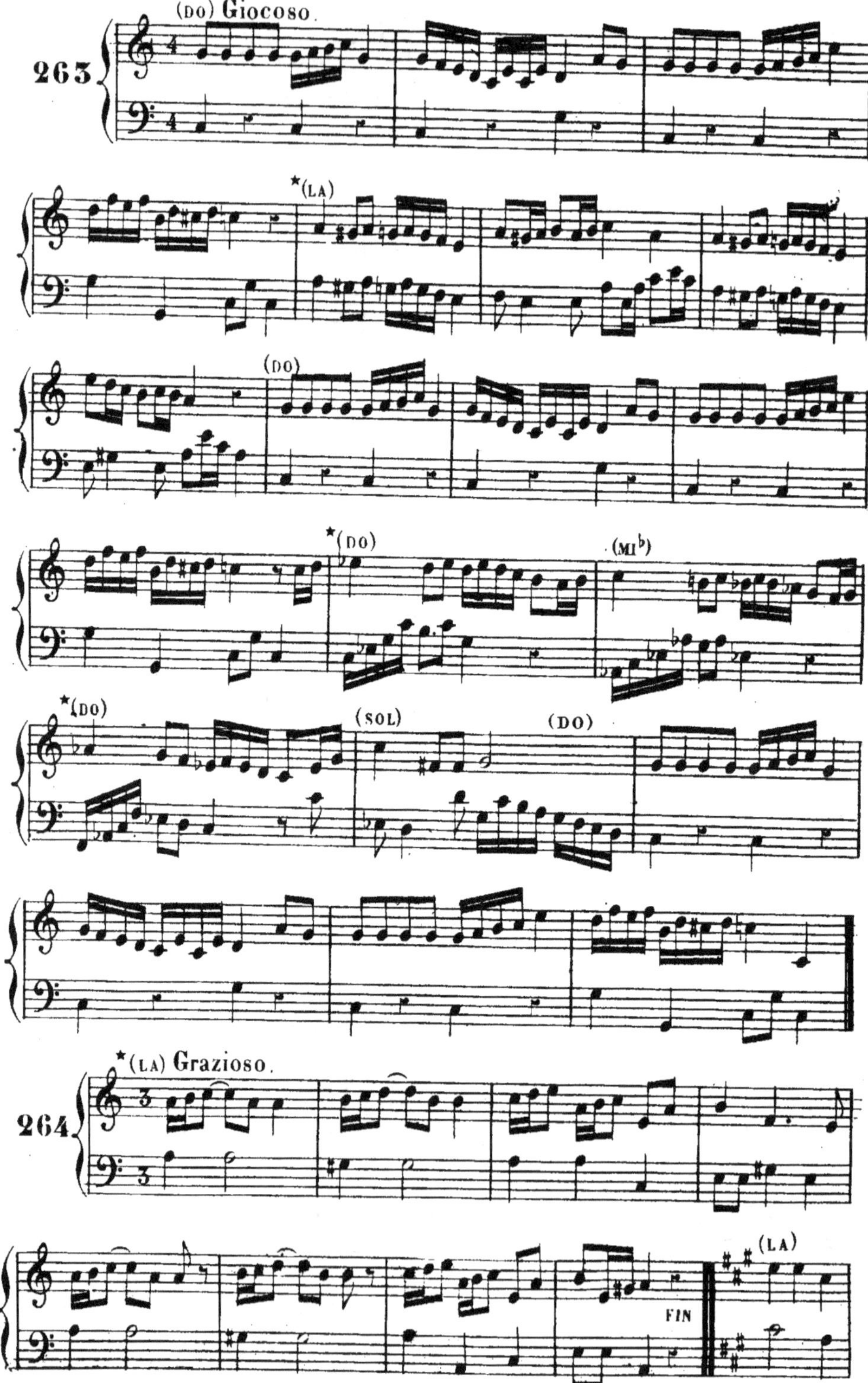
263
(DO) Giocoso.
*(LA)
(DO)
*(DO)
(MI♭)
*(DO)
(SOL)
(DO)
*(LA) Grazioso.
264
(LA)
FIN

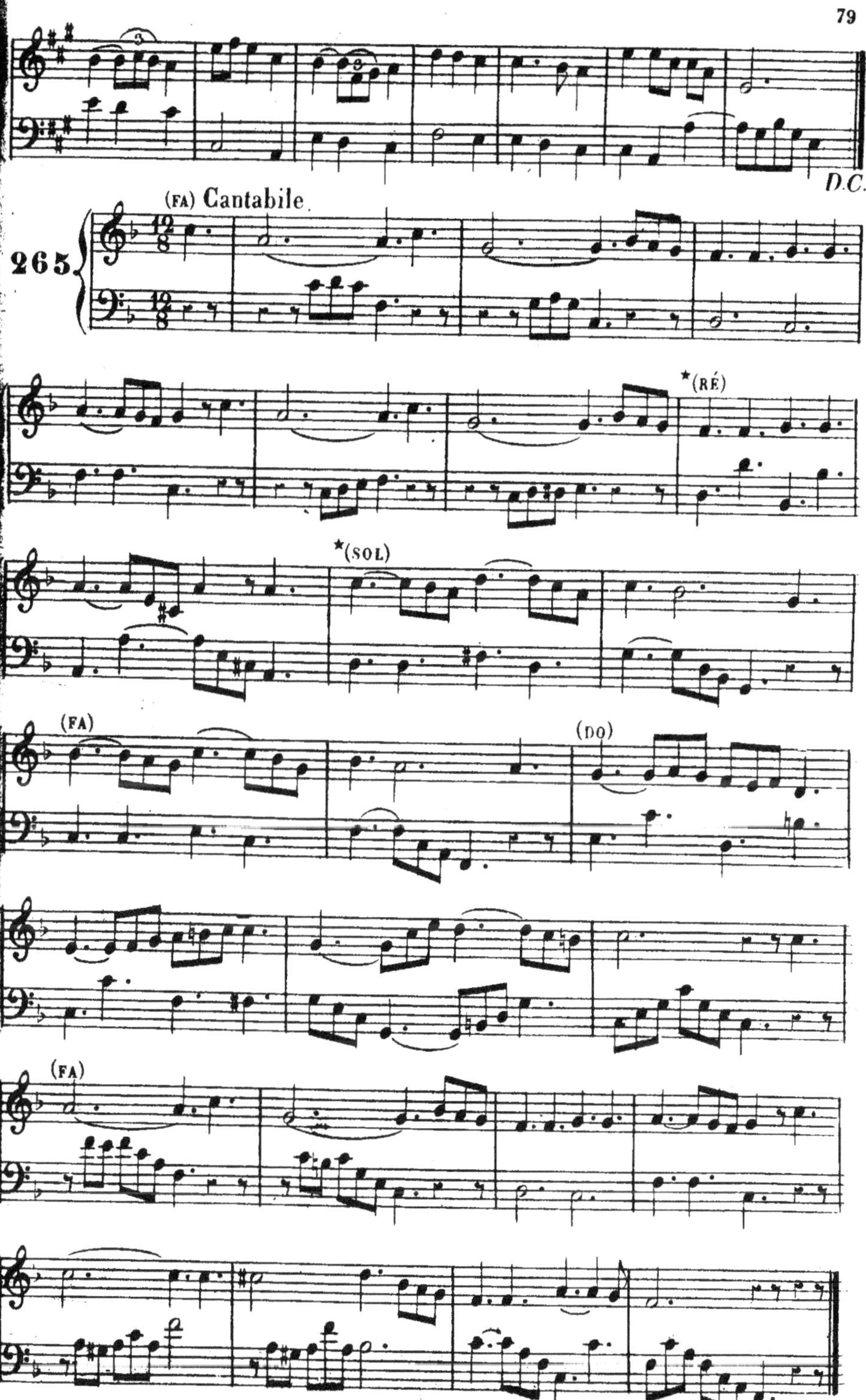
D.C.
(FA) Cantabile
265
*(RÉ)
*(SOL)
(FA)
(DO)
(FA)

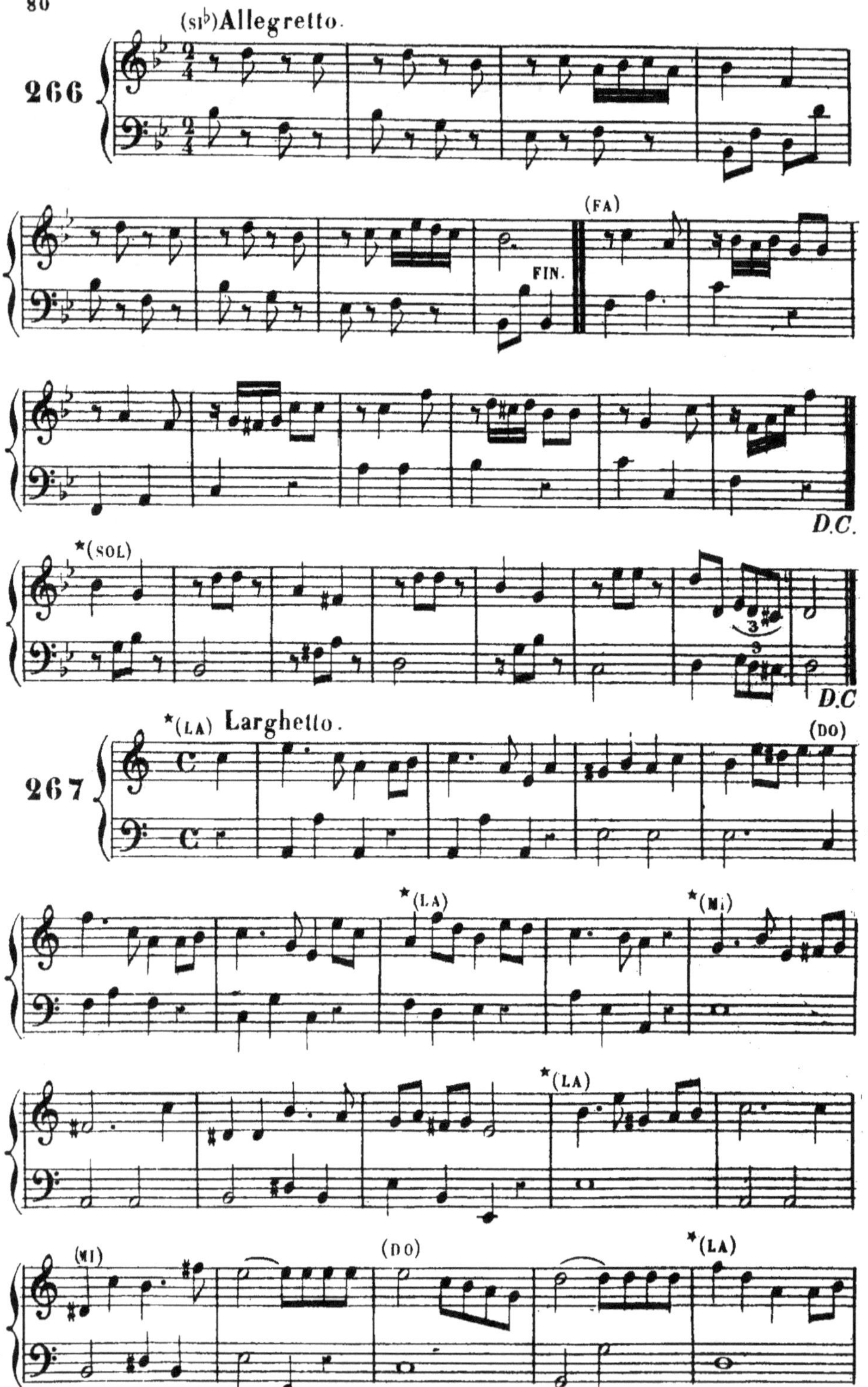
(si♭)Allegretto.
266
(FA)
FIN.
D.C.
★(SOL)
D.C
★(LA) Larghetto.
(DO)
267
★(LA)
★(MI)
★(LA)
(MI)
(DO)
★(LA)

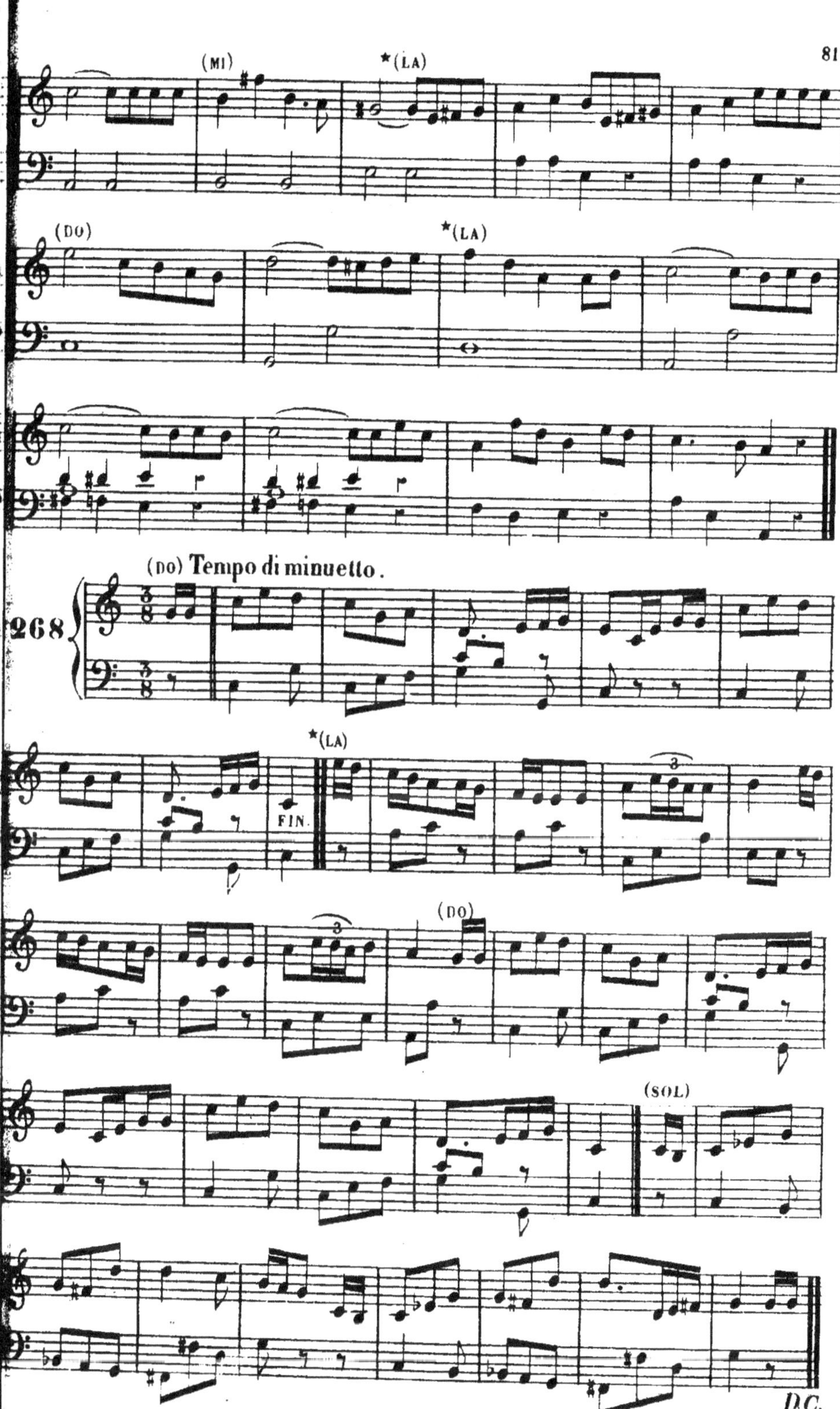
(MI)
*(LA)
(DO)
*(LA)
(DO) Tempo di minuetto.
268
*(LA)
FIN.
3
3
(DO)
(SOL)
D.C.

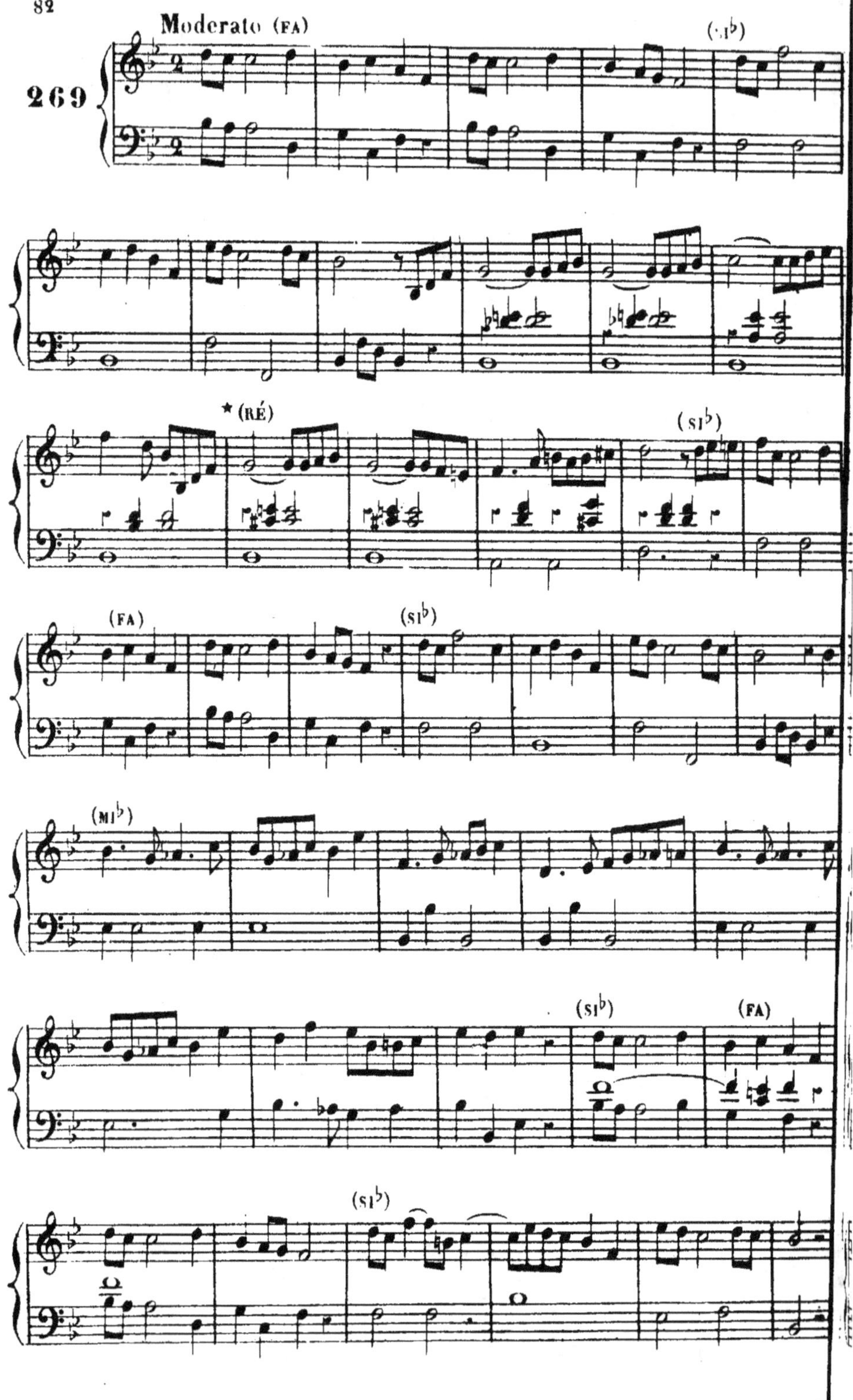
269
Moderato (FA)
(.,ı♭)
(RÉ)
(sı♭)
(FA)
(sı♭)
(MI♭)
(sı♭)
(FA)
(sı♭)

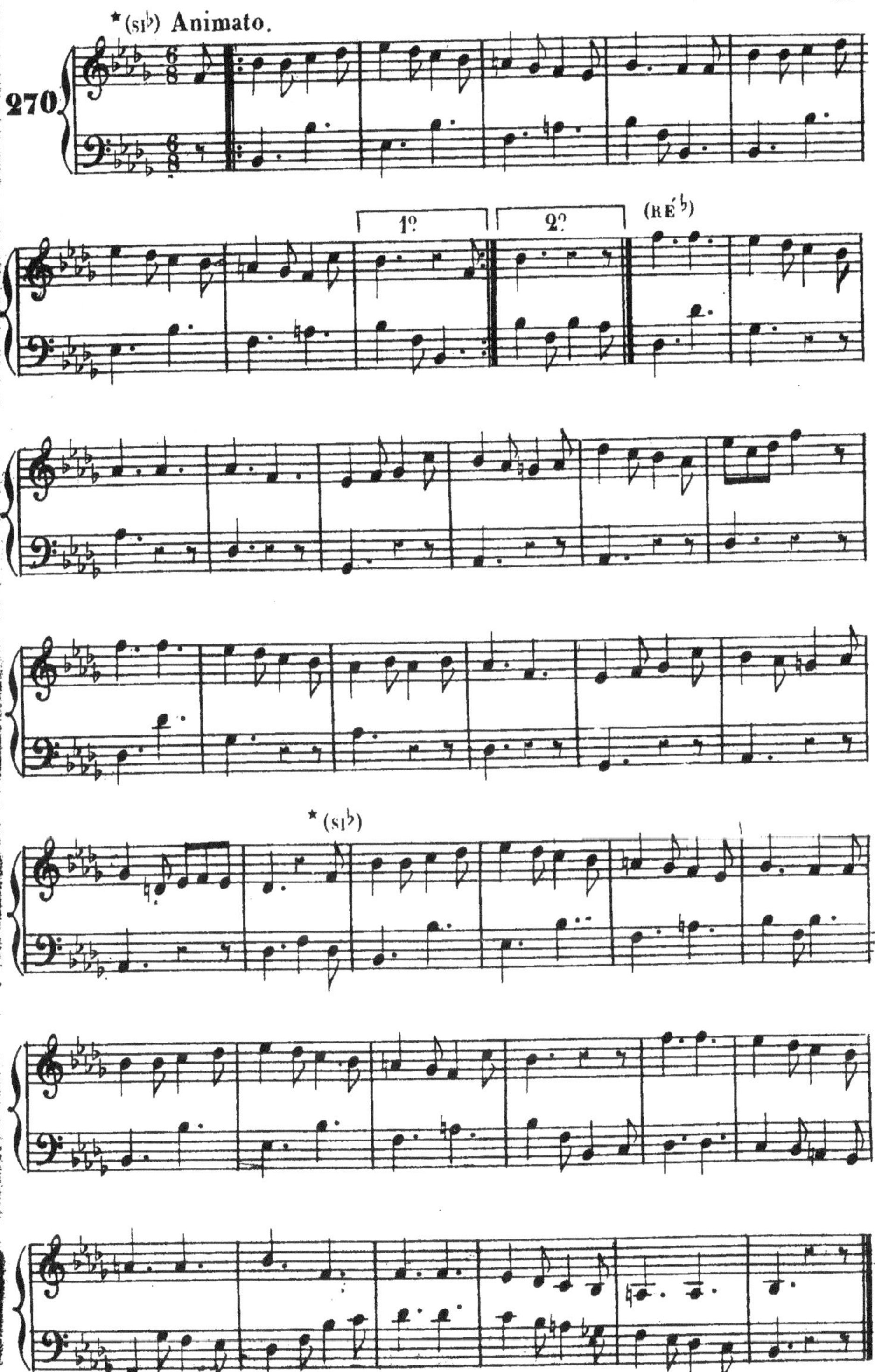
★ (SI♭) Animato.
270
1°
2°
(RE´♭)
★ (SI♭)

(FA) Gioeoso.
271
*(SOL)
(RÉ)
(FA)
*(DO)
(FA)

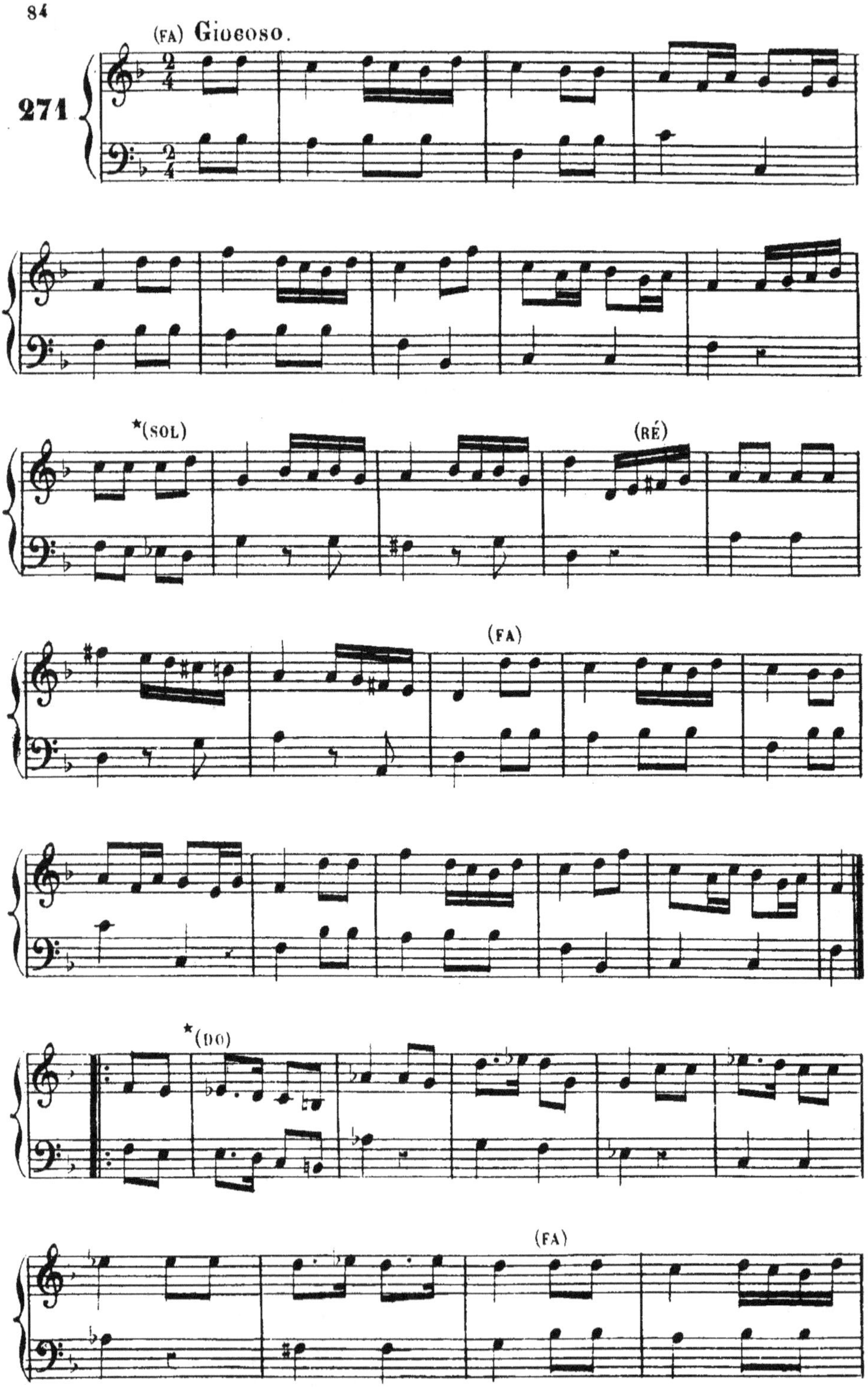

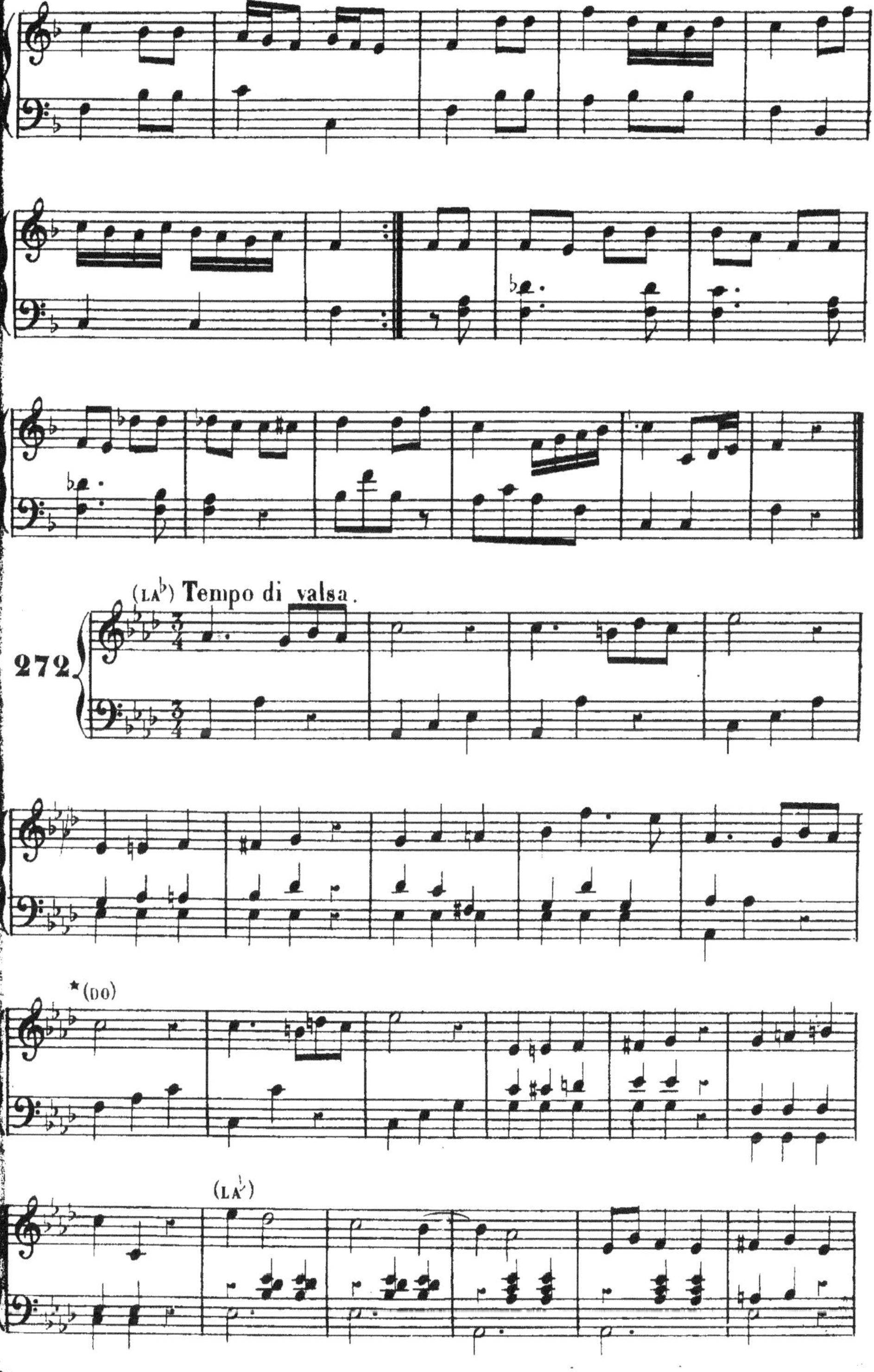

(LAᵇ) Tempo di valsa.
272
★(DO)
(LAᵇ)

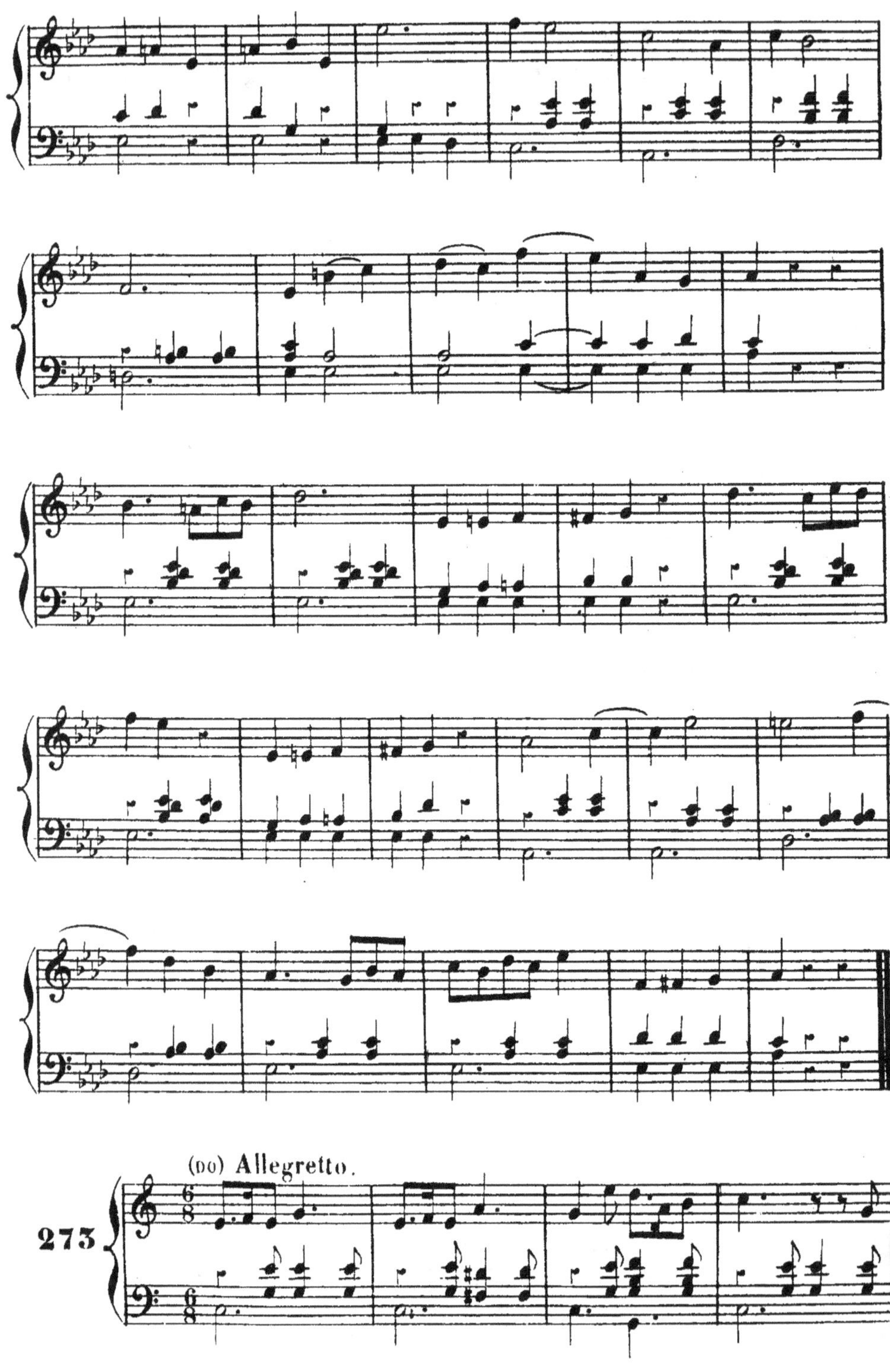

(DO) Allegretto.
273

(SOL)
*(MI)
(RÉ)
(SOL)
*(SOL)
(SOL)
(DO)

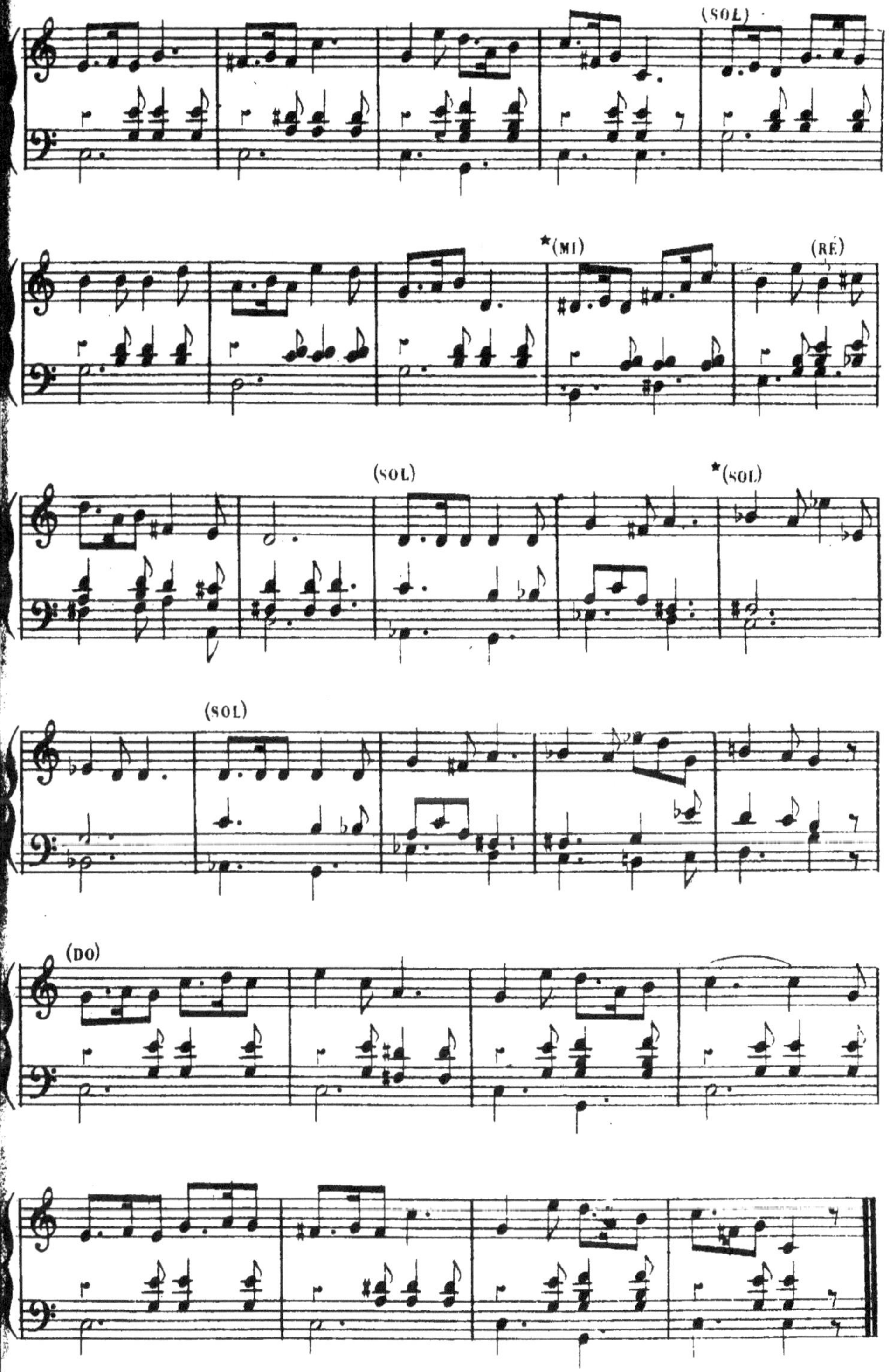

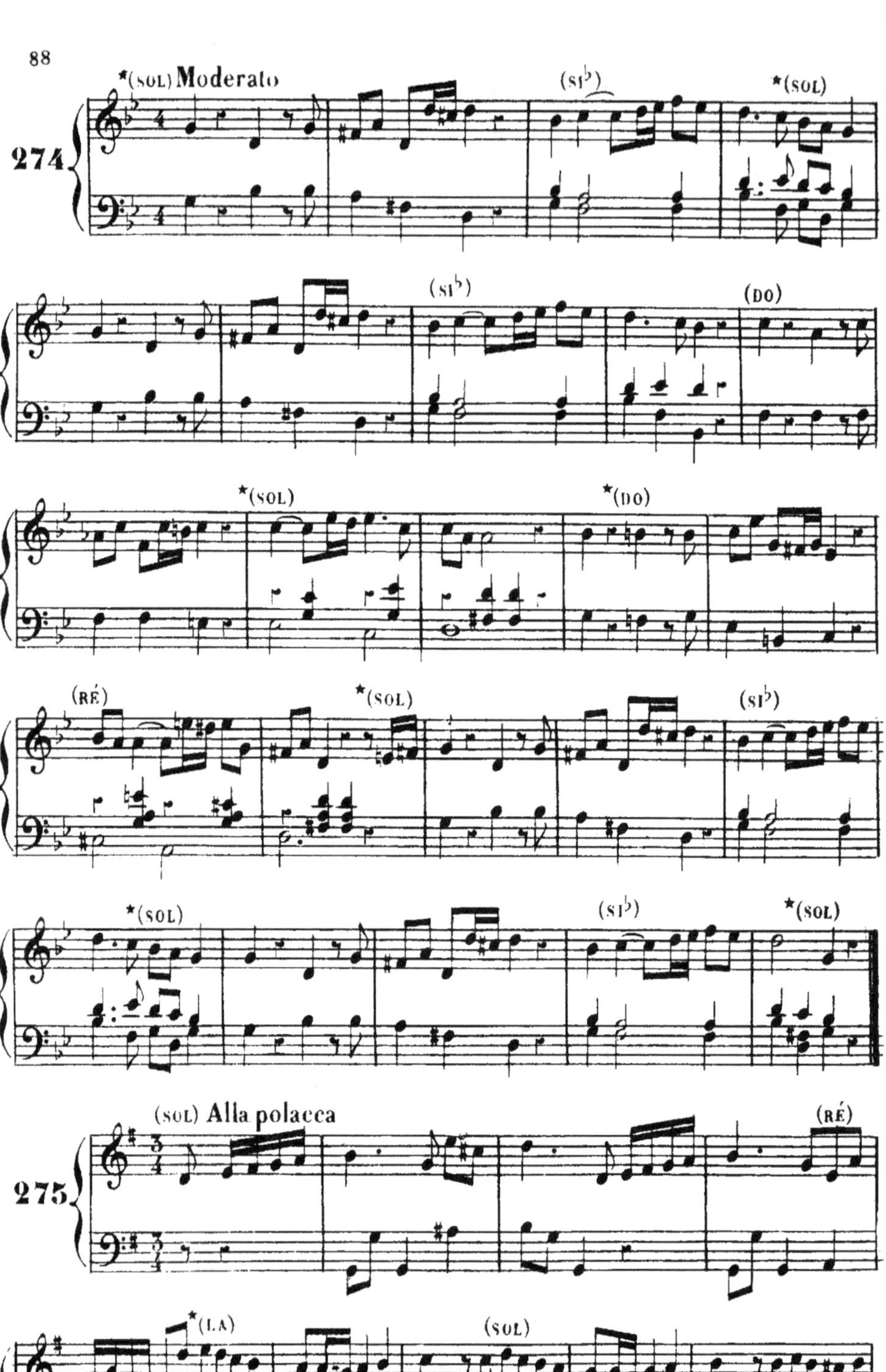
274
*(SOL) Moderato
(SI♭)
*(SOL)
(SI♭)
(DO)
*(SOL)
*(DO)
(RÉ)
*(SOL)
(SI♭)
*(SOL)
(SI♭)
*(SOL)
275
(SOL) Alla polacca
(RÉ)
*(LA)
(SOL)

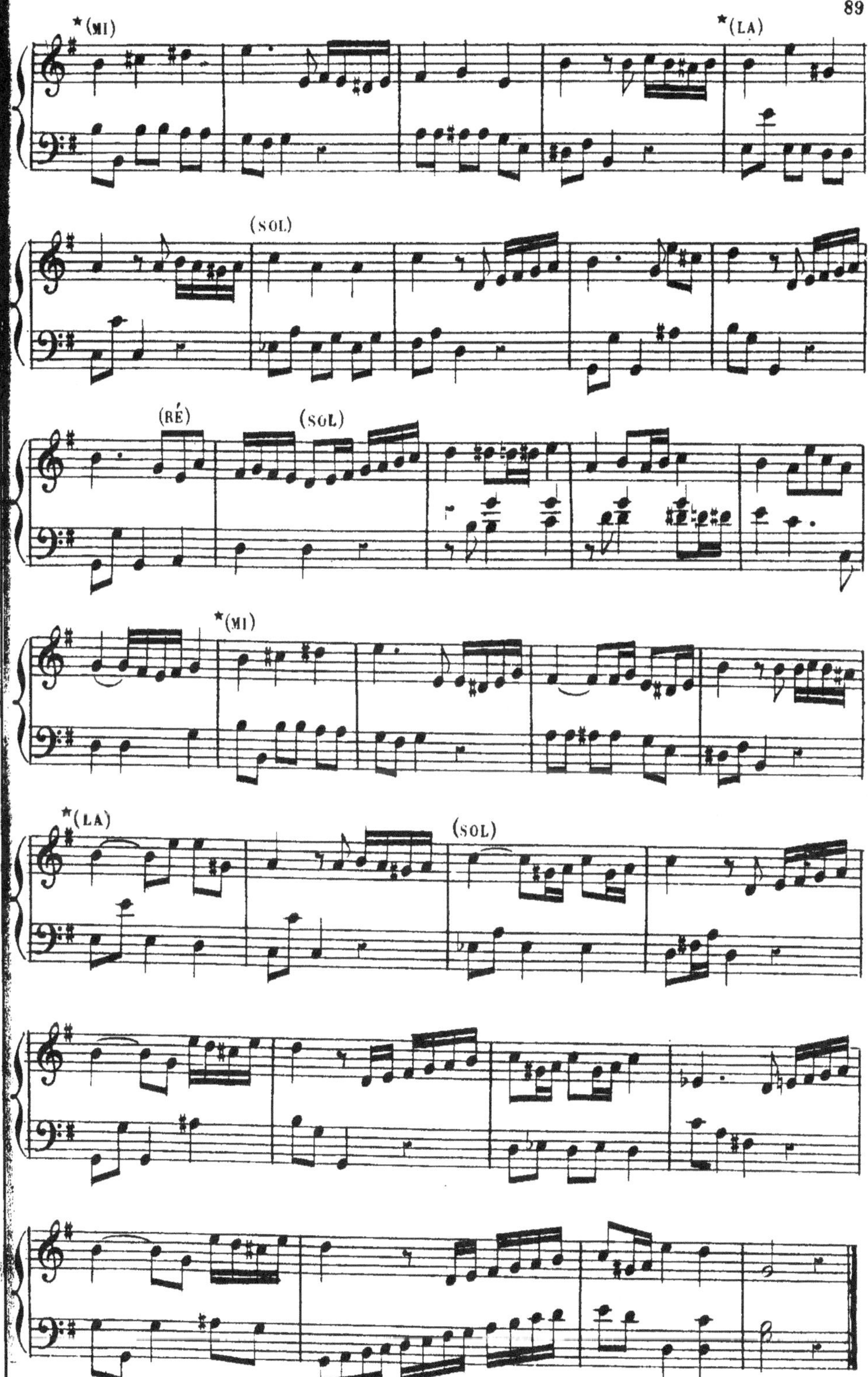
*(MI)
*(LA)
(SOL)
(RÉ)
(SOL)
*(MI)
*(LA)
(SOL)

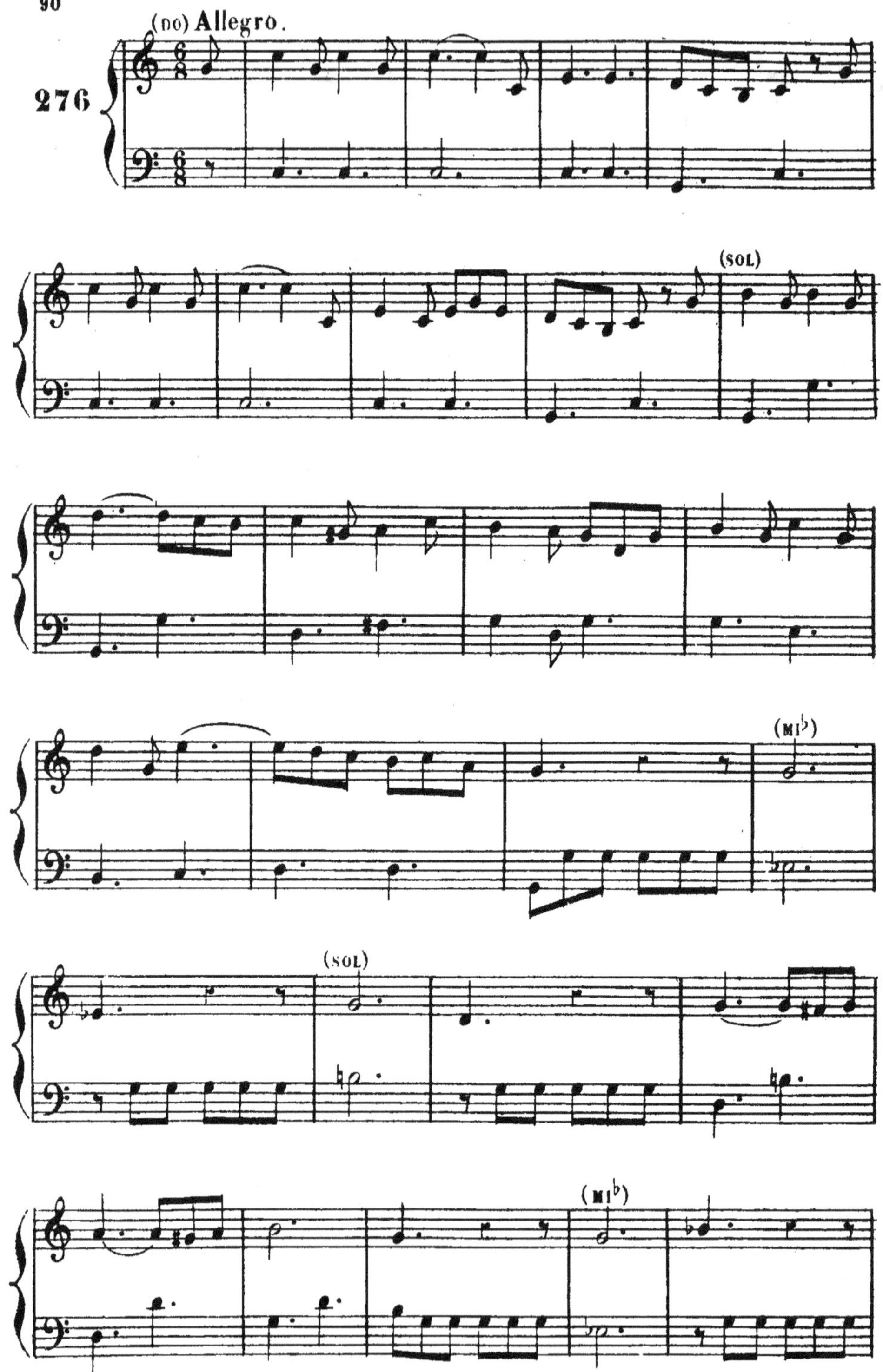
276
(no) Allegro.
(SOL)
(MI♭)
(SOL)
(MI♭)

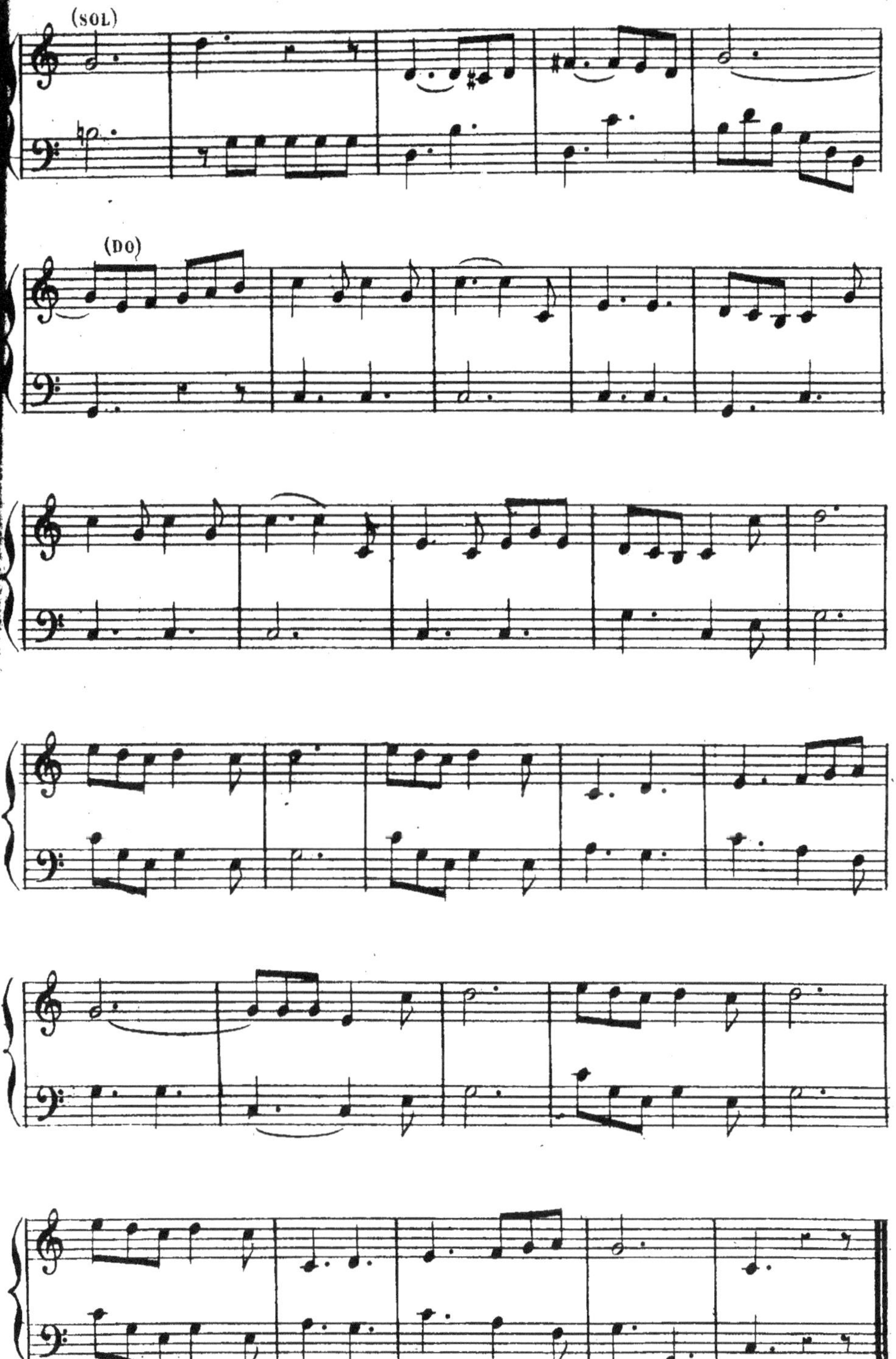
(SOL)
(DO)

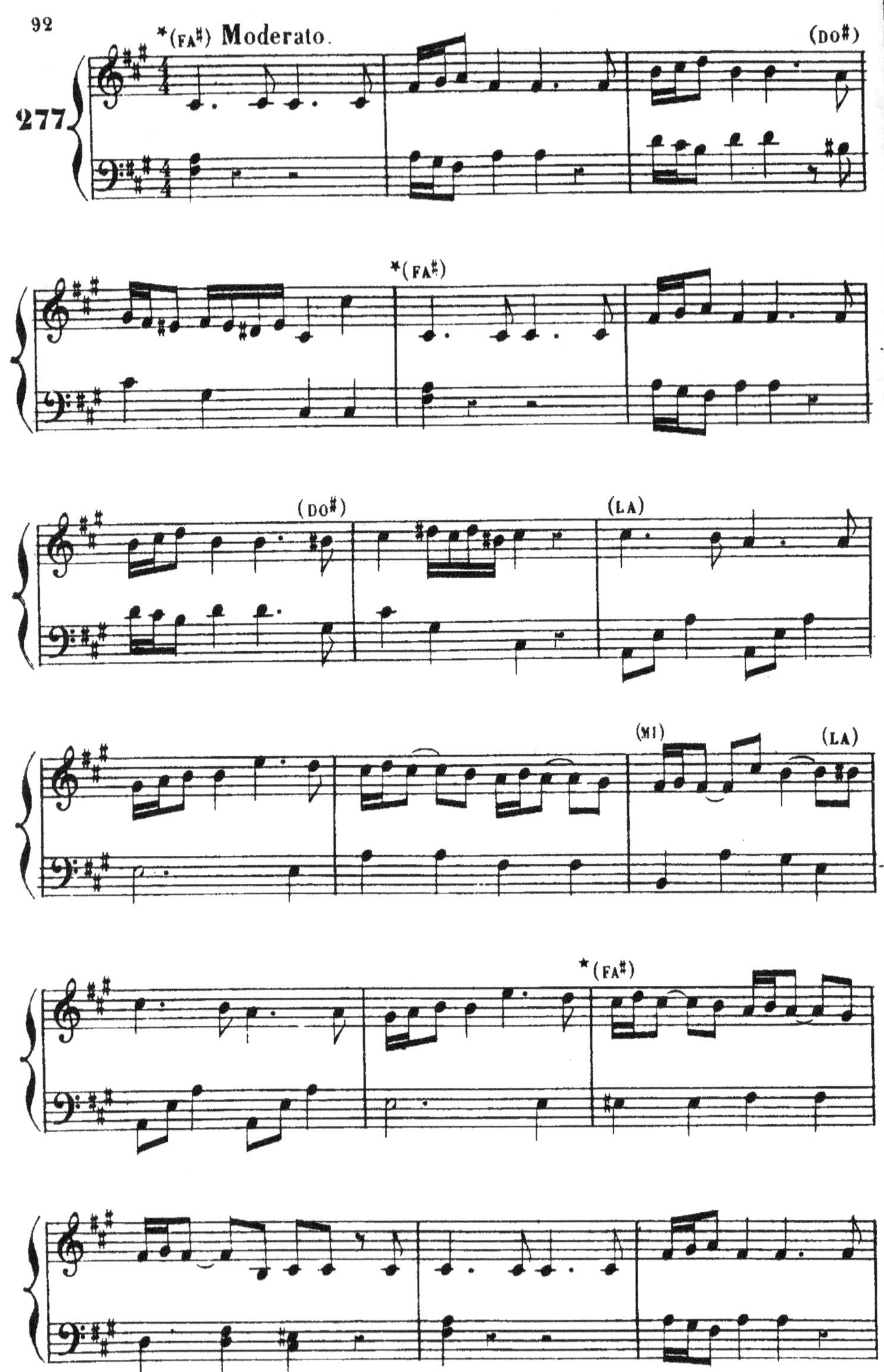
92
277
*(FA#) Moderato.
(DO#)
*(FA#)
(DO#)
(LA)
(MI)
(LA)
*(FA#)

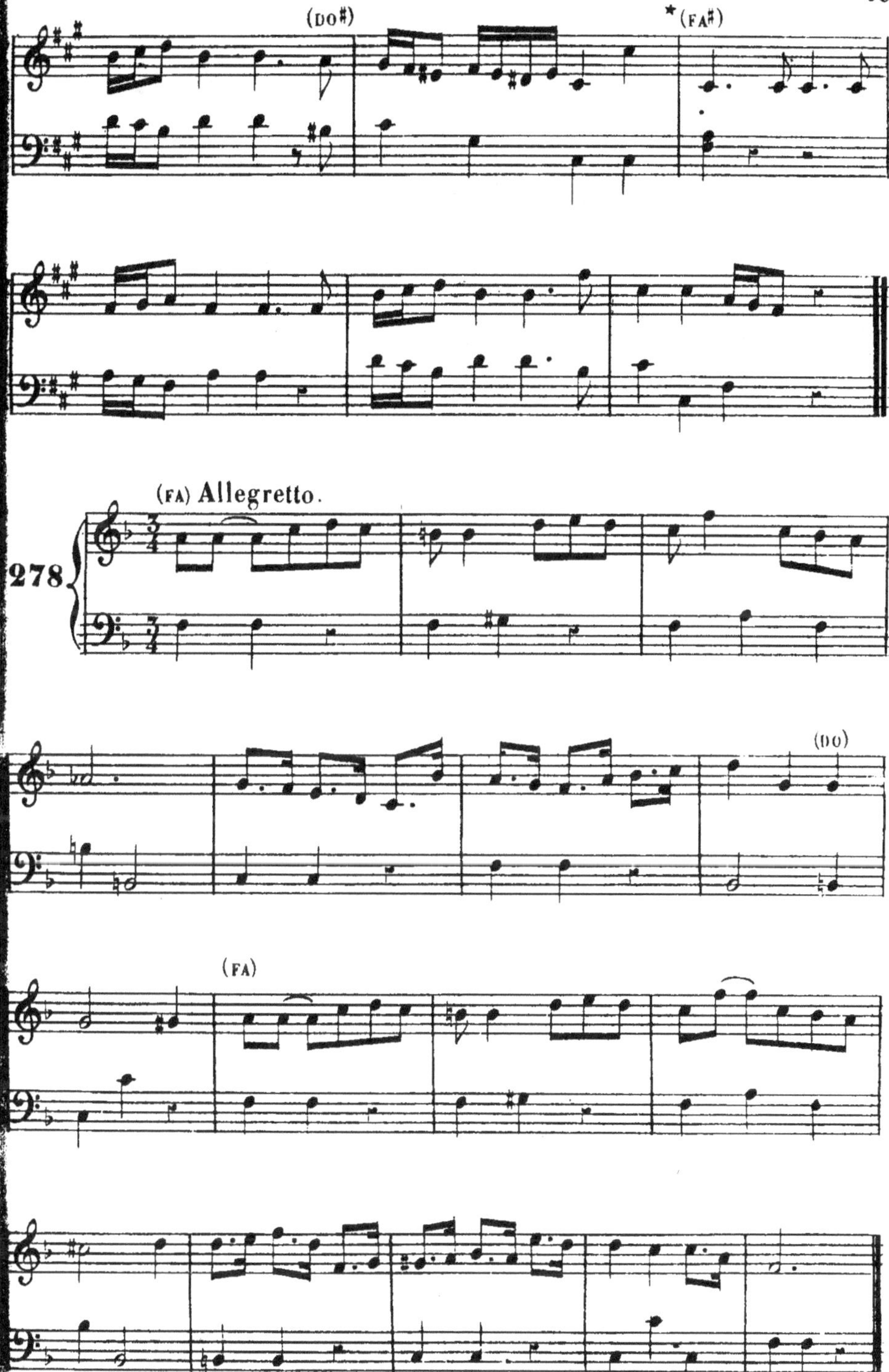
(DO#)
*(FA#)
(FA) Allegretto.
278
(DO)
(FA)

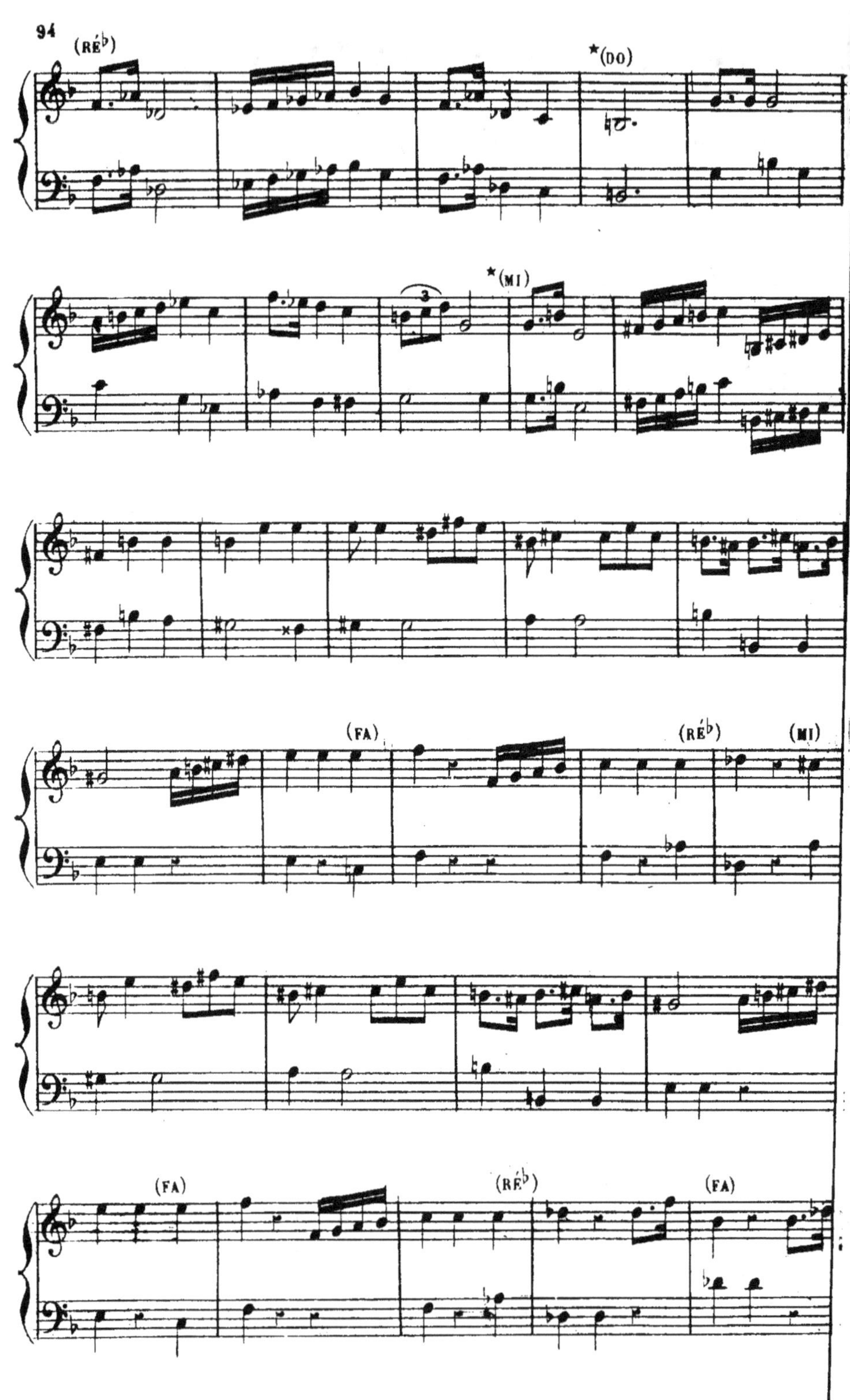
94
(RÉ♭)
★(DO)
★(MI)
(FA)
(RÉ♭)
(MI)
(FA)
(RÉ♭)
(FA)

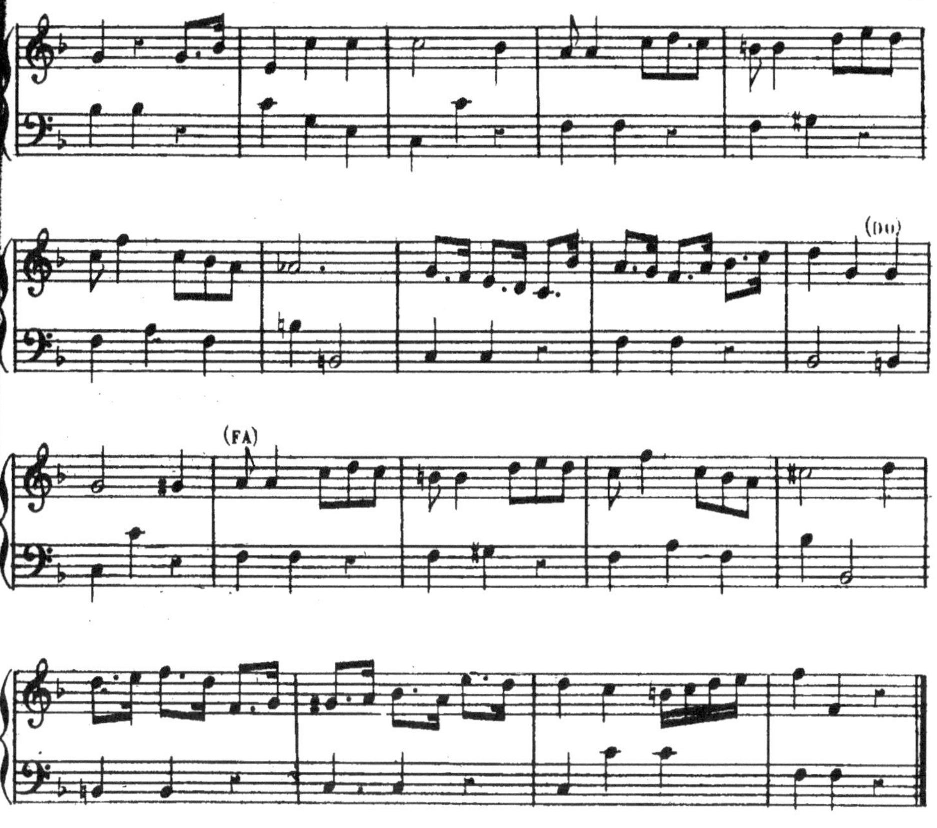

EXERCICES JOURNALIERS DE RHYTHME.

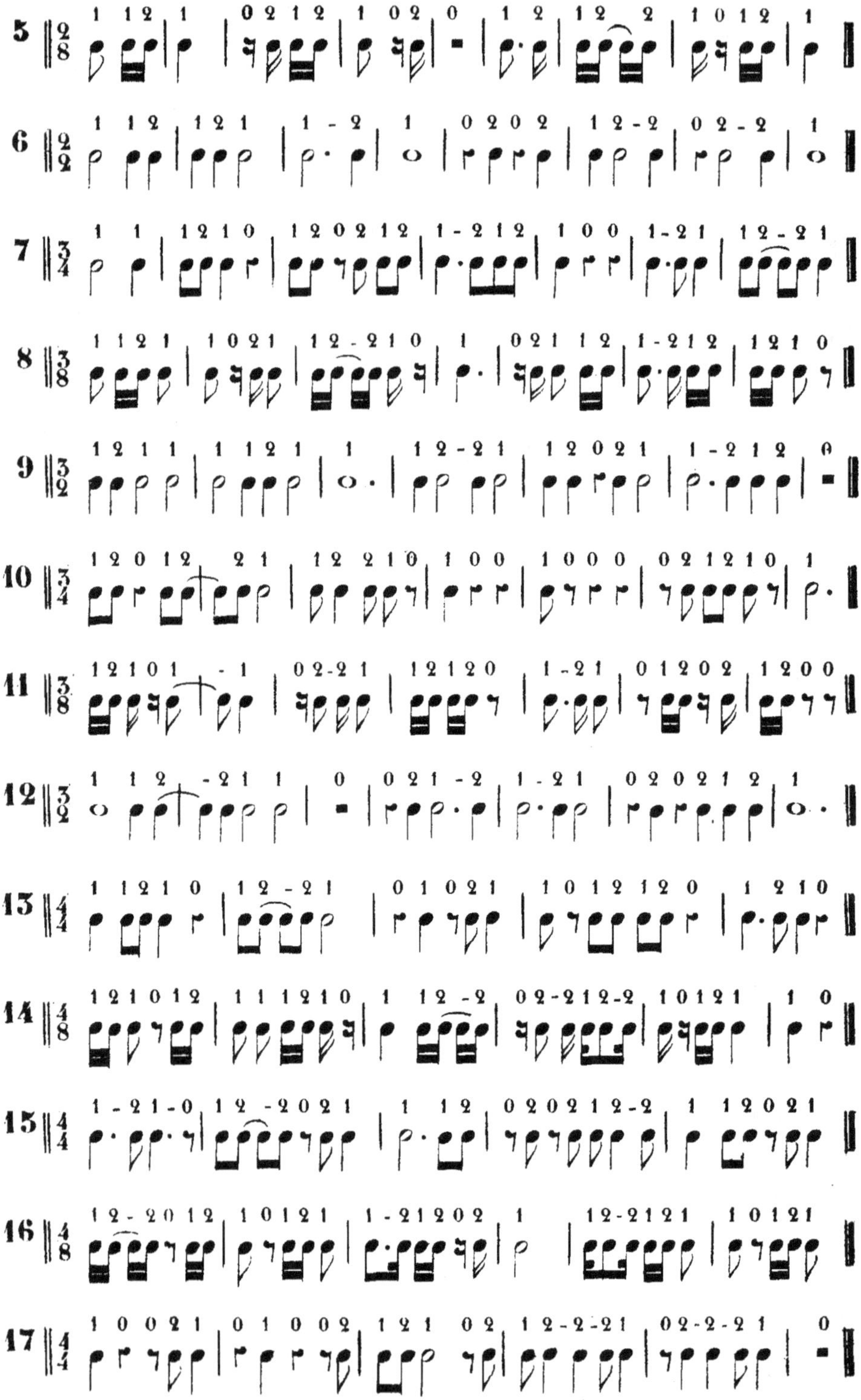
5 1 1 2 1 0 2 1 2 1 0 2 0 1 2 1 2 2 1 0 1 2 1
6 1 1 2 1 2 1 1 - 2 1 0 2 0 2 1 2 - 2 0 2 - 2 1
7 1 1 1 2 1 0 1 2 0 2 1 2 1 - 2 1 2 1 0 0 1 - 2 1 1 2 - 2 1
8 1 1 2 1 1 0 2 1 1 2 - 2 1 0 1 0 2 1 1 2 1 - 2 1 2 1 2 1 0
9 1 2 1 1 1 1 2 1 1 1 2 - 2 1 1 2 0 2 1 1 - 2 1 2 0
10 1 2 0 1 2 2 1 1 2 2 1 0 1 0 0 1 0 0 0 0 2 1 2 1 0 1
11 1 2 1 0 1 - 1 0 2 - 2 1 1 2 1 2 0 1 - 2 1 0 1 2 0 2 1 2 0 0
12 1 1 2 - 2 1 1 0 0 2 1 - 2 1 - 2 1 0 2 0 2 1 2 1
13 1 1 2 1 0 1 2 - 2 1 0 1 0 2 1 1 0 1 2 1 2 0 1 2 1 0
14 1 2 1 0 1 2 1 1 1 2 1 0 1 1 2 - 2 0 2 - 2 1 2 - 2 1 0 1 2 1 1 0
15 1 - 2 1 - 0 1 2 - 2 0 2 1 1 1 2 0 2 0 2 1 2 - 2 1 1 2 0 2 1
16 1 2 - 2 0 1 2 1 0 1 2 1 1 - 2 1 2 0 2 1 1 2 - 2 1 2 1 1 0 1 2 1
17 1 0 0 2 1 0 1 0 0 2 1 2 1 0 2 1 2 - 2 - 2 1 0 2 - 2 - 2 1 0

Rhythmic solfège exercises numbered 18–30 in musical notation. The transcribable text consists of the exercise numbers, time signatures, and the number sequences printed above each staff.

18. 4/8 — 1 2 0 0 1 2 1 0 0 1 1 2-2-2-2 1 0 0 2 1 1-2 1 2 0 1

19. 6/8 — 1 1 1 2 3 1 1 3 1 3 1 0- 1 2 1 2 3 1 1 2 5-2 3 1 0

20. 6/8 — 1 2 0 1 2 3 1 0 2 3 1 1 3 0 1 0 2 0 2 3 1 1 0 1 0 3 1 3 0

21. 6/8 — 1 -2 5 1 3 1 1 - 3 1 0 3 1 0 2 0 1 2 0 1 2 0 0 2 3 0 2 3 1

22. 9/8 — 1 - 2 3 1 1 3 1 3 1 1 2 3 - 2 0 1 0 2 3 0 1 2 3 1 1 2 3 1

23. 9/8 — 1 1 2 3 1 0 1 3 1 2 1 2 1 0 3 1 3 0 3 0 1 1 0

24. 12/8 — 1 1 2 3 1 1 1 3 1 0 0 2 3 1 0 2 0 1 2 3 1 1 2 3 1 0

25. 12/8 — 1 3 1 3 1 2 3 1 1 2 0 1 1 2 0 1 -2 3-2 3 1 0 0 3 1 -2 3 1

26. 2/4 — 1 1 2 1 2 3 4 1 1 2 3 4 1 2 - 2 1 0 1 3 4 1 1 0 1 2 3 4 1 0

27. 2/4 — 1 2 3 1 2 1 2 3 1 1 2 3 4 1 2 -2 3 4 1 0 0 2 3 4 1 0 2 3 0 1 0

28. 2/4 — 1 1-4 1 0 1 2-4 1 2 1 2-4 1 1-4 1-4 0 3 4 1 0 1 0

29. 2/2 — 1 1 2 1 2 3 4 1 1 2 1 1 2 3 1 1 2-2 -2 3 4 1 0 1.2 1

30. 2/2 — 1-4 1 1 3 4 1 0 1 2-3 1 1 0 3 4 1 1-4 1-4 1 0 1 0

31 ||2/2

32 ||2/8

33 ||2/8

34 ||2/8

35 ||3/4

36 ||3/4

37 ||3/4

38 ||3/8

39 ||3/8

40 ||4/4

41 ||4/4

42 ||4/4

43 ||4/8

44 ||4/8

ETUDE DE LA CLEF DE FA.

La clef de fa se pose sur la quatrième ligne; elle donne son nom à la note placée sur la même ligne.

EXEMPLE 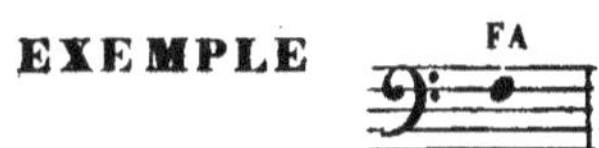

Lorsque l'on connait les notes à la clef de sol, il est facile de trouver le nom d'une note quelconque à la clef de fa en lisant deux degrés au dessus.

EXEMPLE 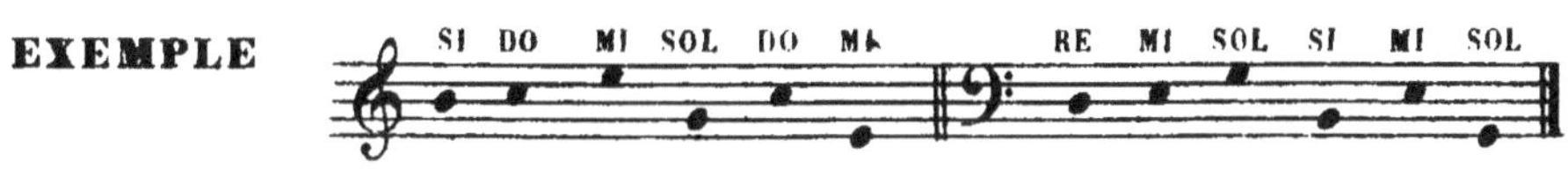

EXERCICES

POUR APPRENDRE A LIRE LES NOTES A LA CLEF DE FA.

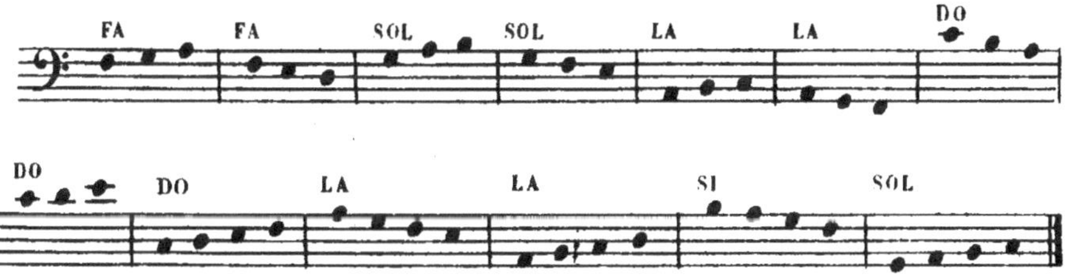

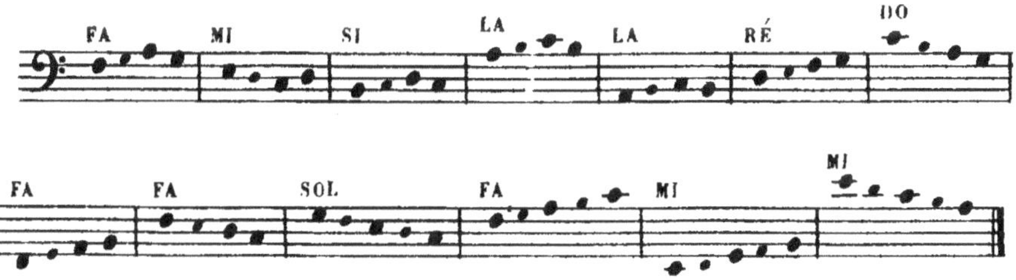

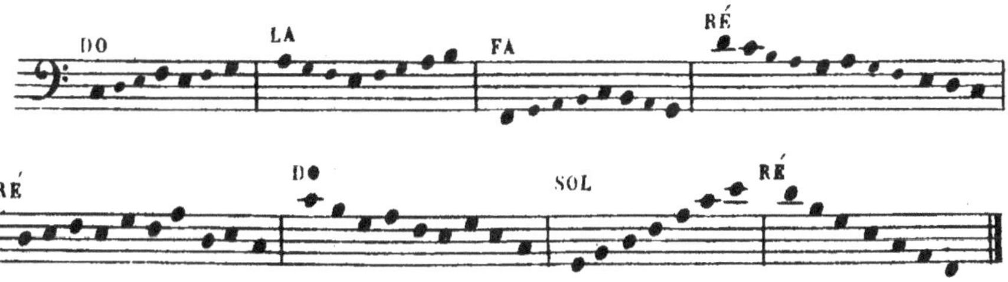

SOLFEGES EN CLEF DE FA

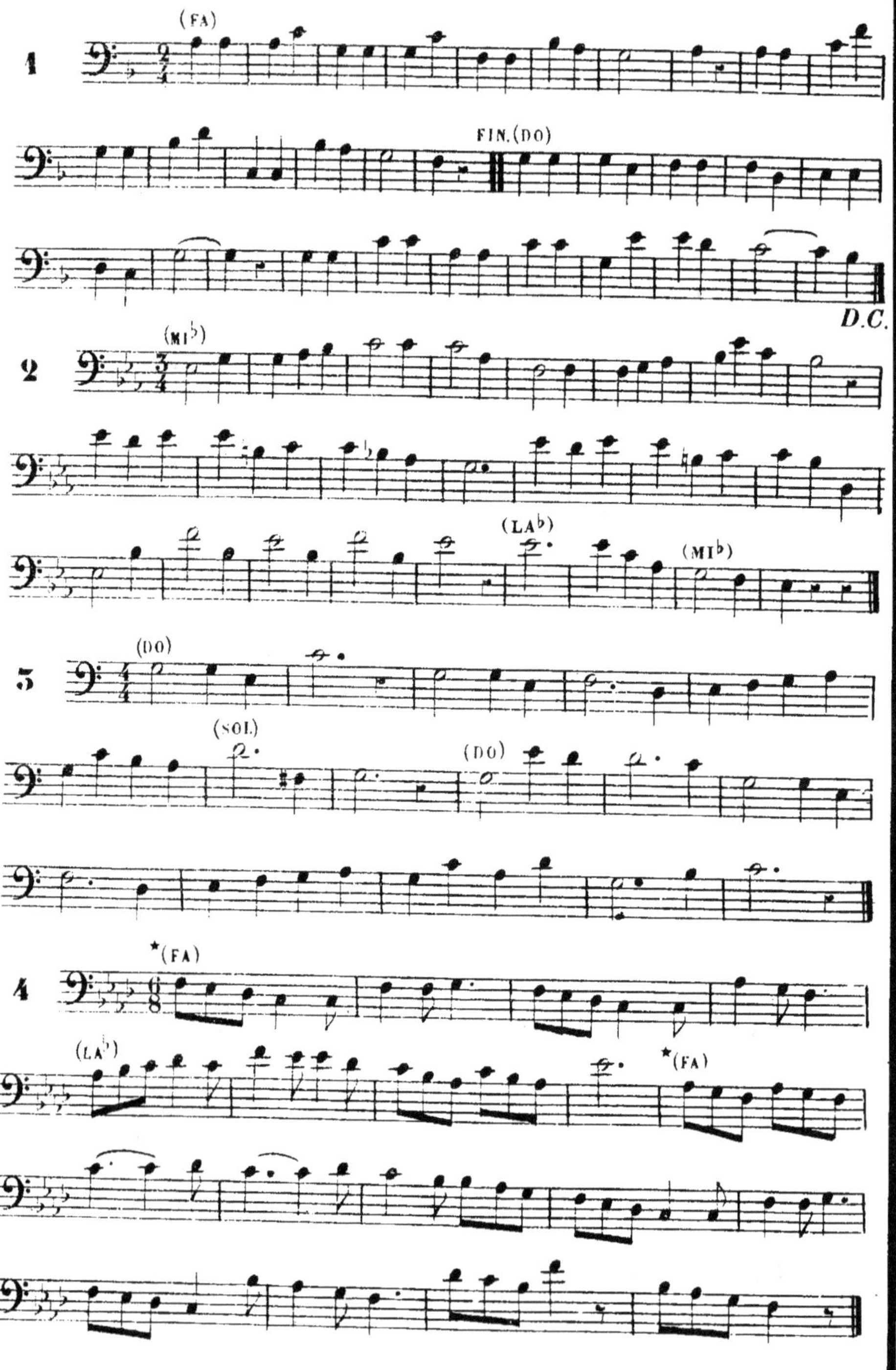

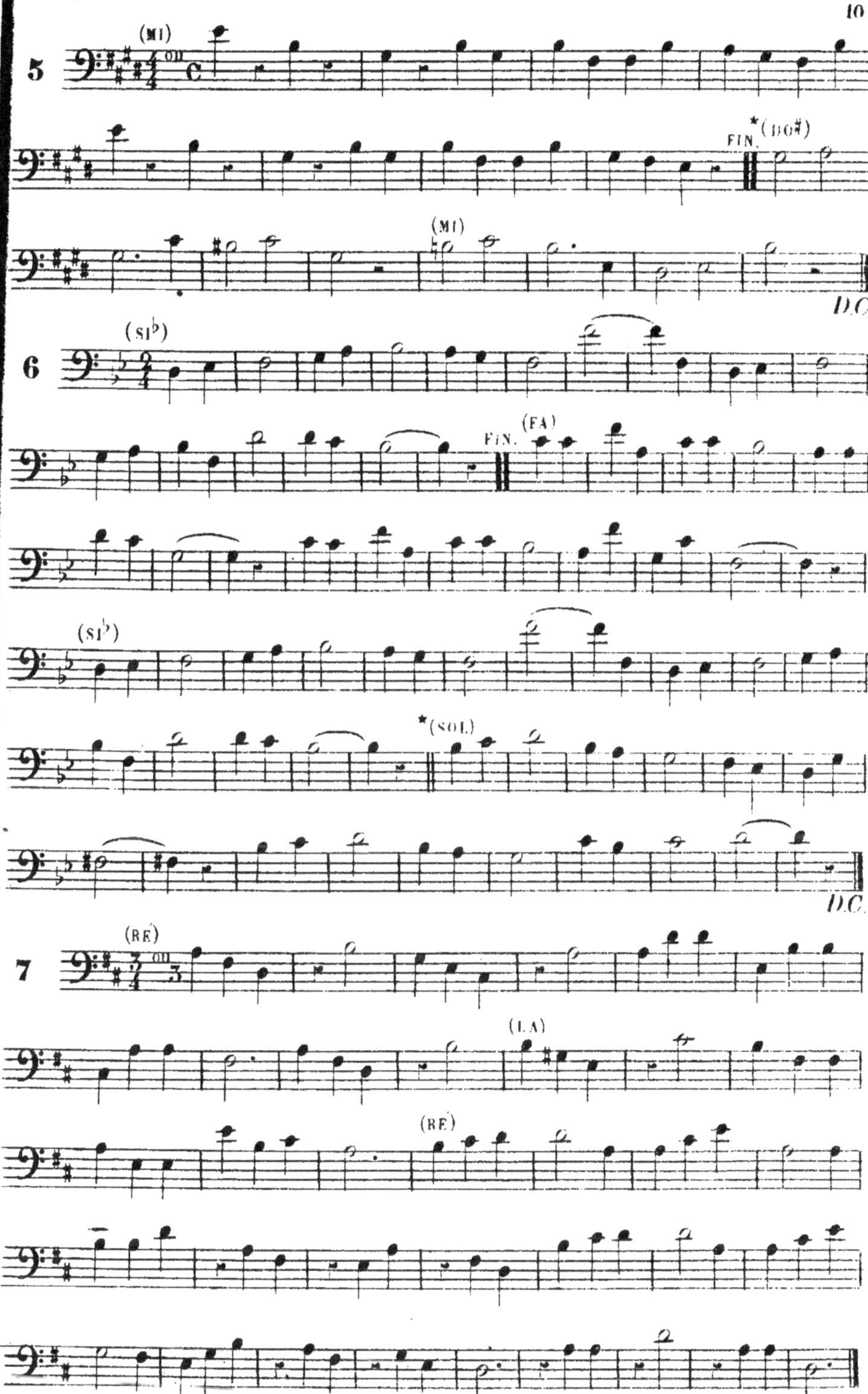
(MI)
5
ou
FIN. (DO#)
(MI)
D.C.
6
(SIb)
FIN. (FA)
(SIb)
(SOL)
D.C.
7
(RÉ)
ou
(LA)
(RÉ)

SECTION II.

INTONATION.[1]

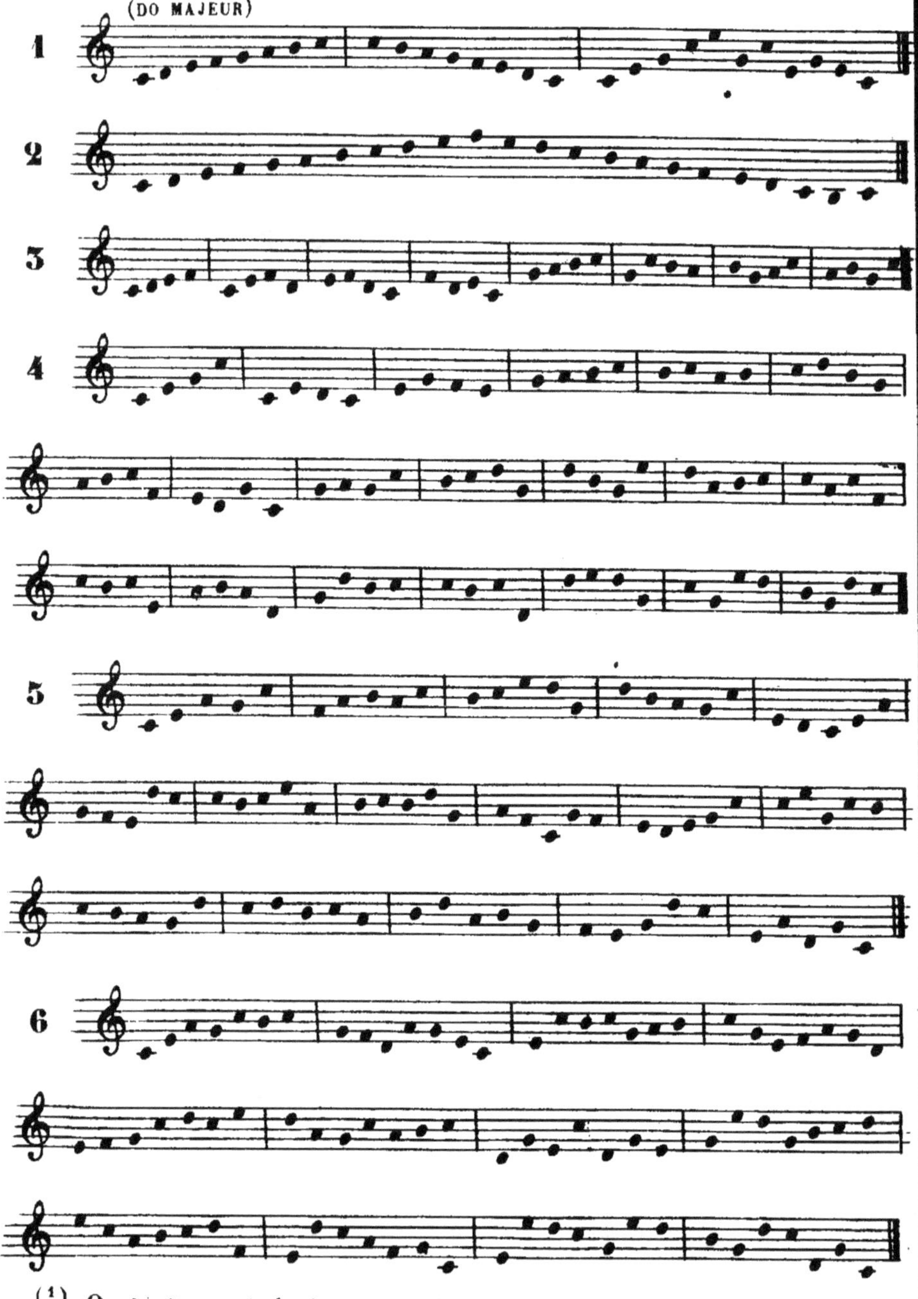

(1) On s'arrêtera sur la dernière note de chaque mesure.

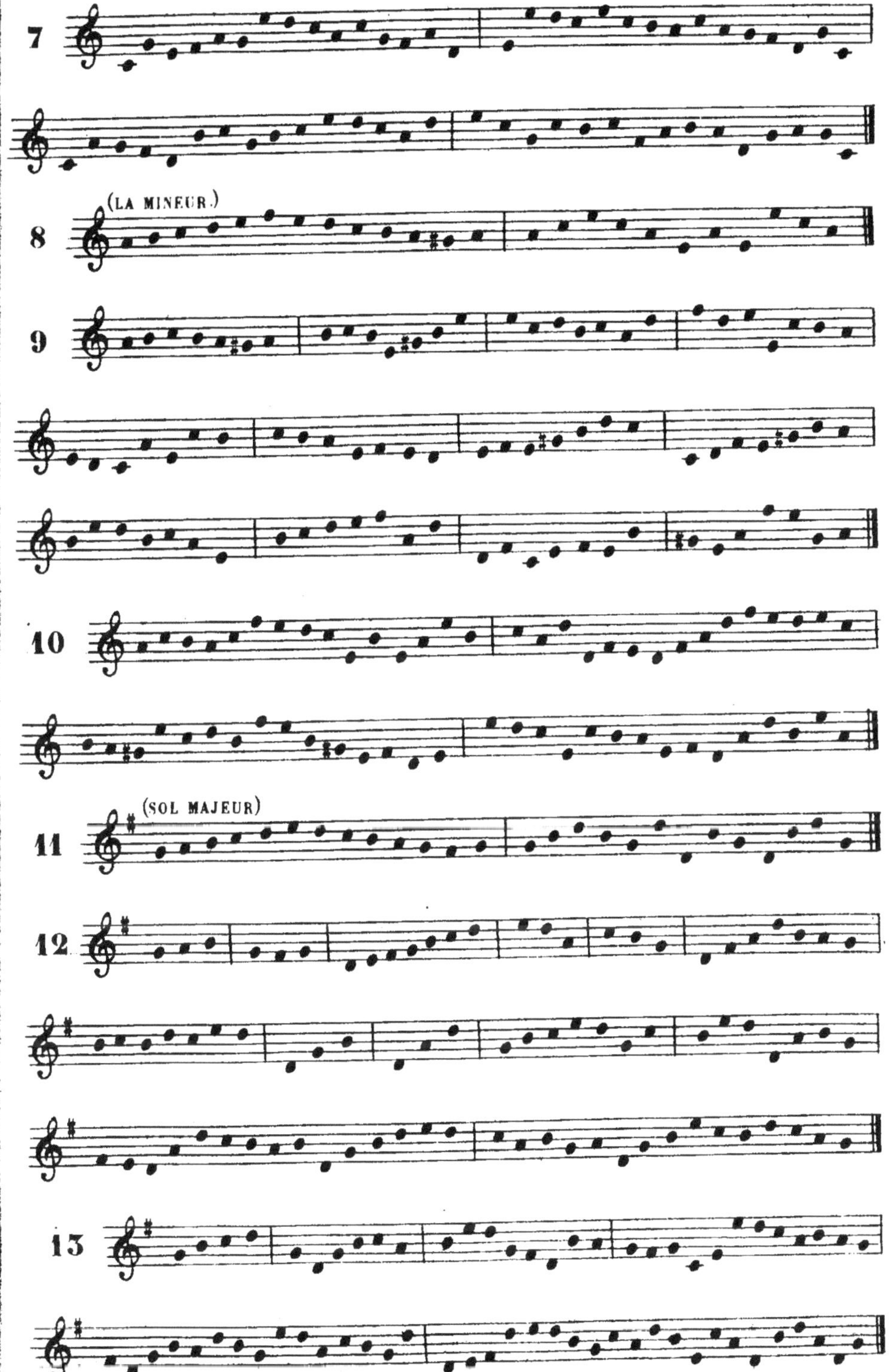
7
8
(LA MINEUR.)
9
10
11
(SOL MAJEUR)
12
13

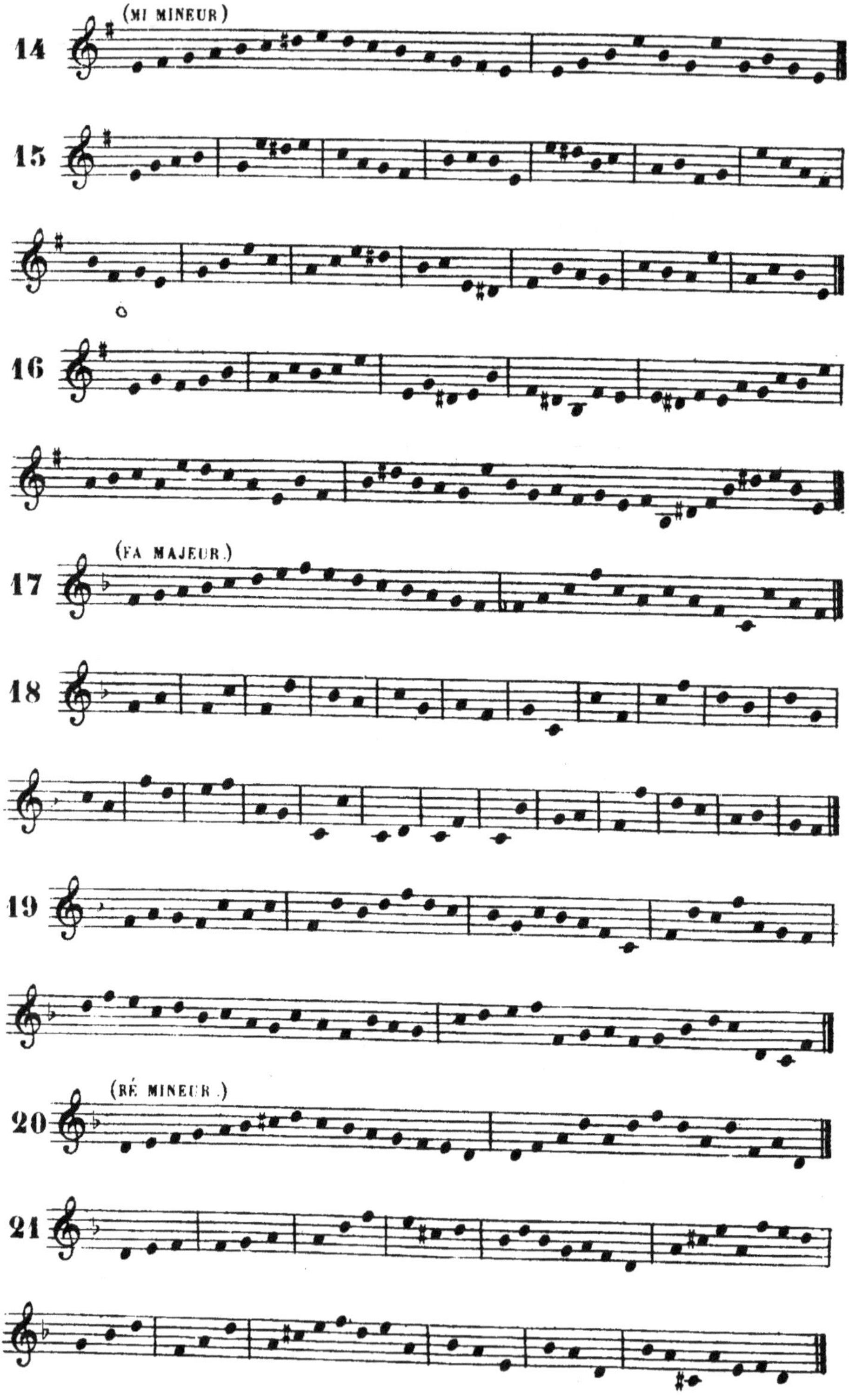

(MI MINEUR)
14
15
16
(FA MAJEUR.)
17
18
19
(RÉ MINEUR.)
20
21

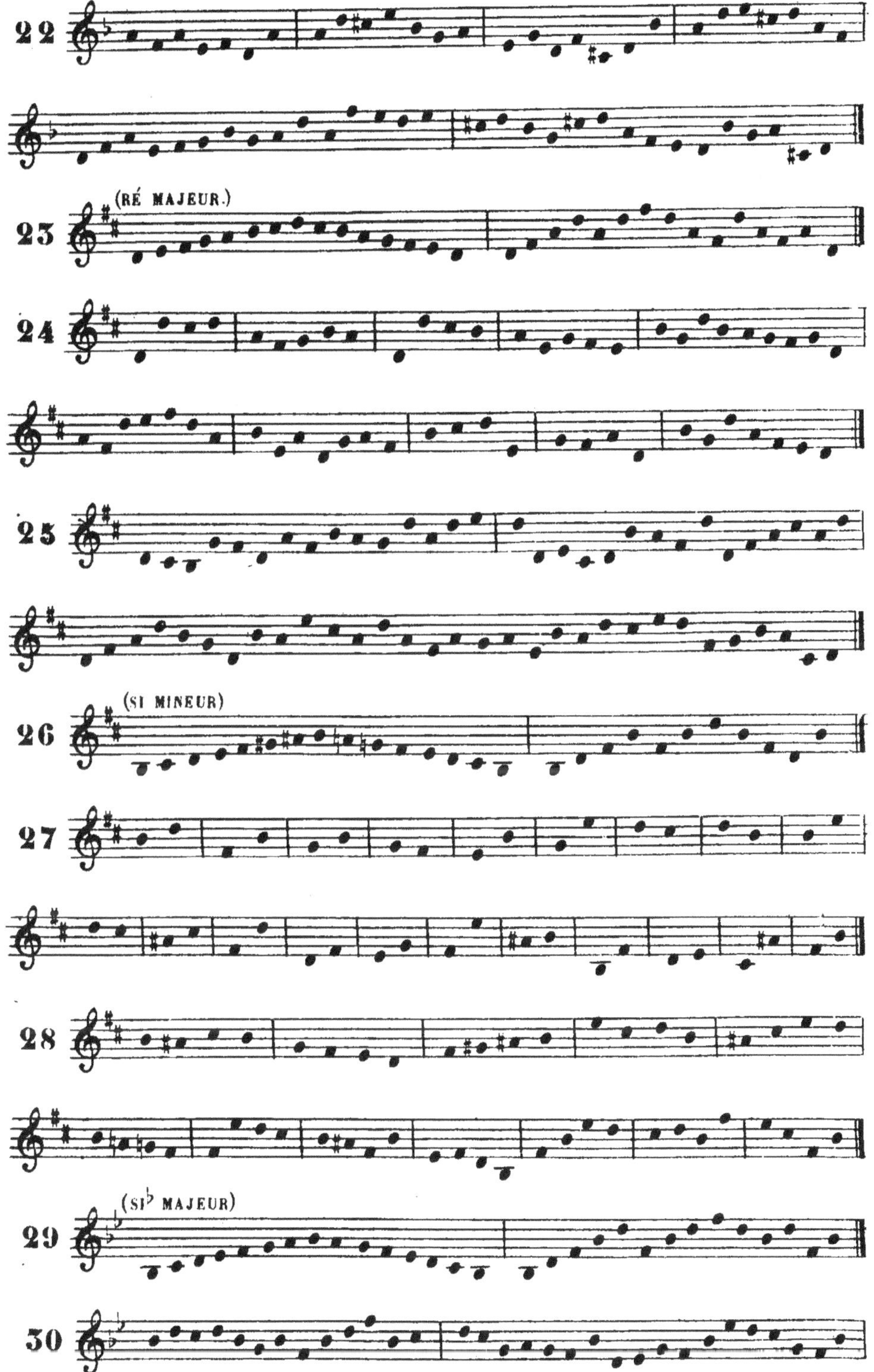
22
23 (RÉ MAJEUR.)
24
25
26 (SI MINEUR)
27
28
29 (SI♭ MAJEUR)
30

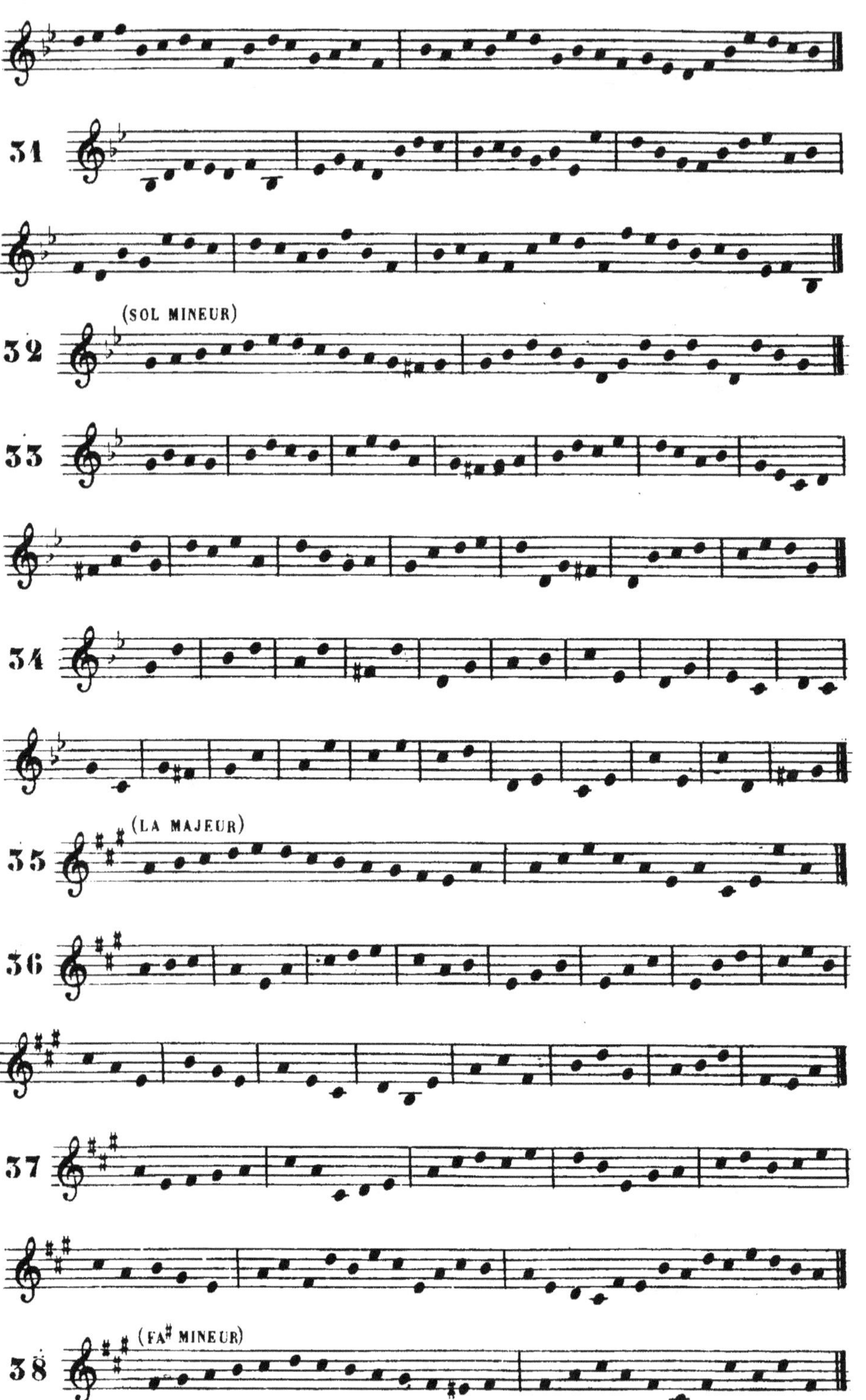
31
(SOL MINEUR)
32
33
34
(LA MAJEUR)
35
36
37
(FA♯ MINEUR)
38

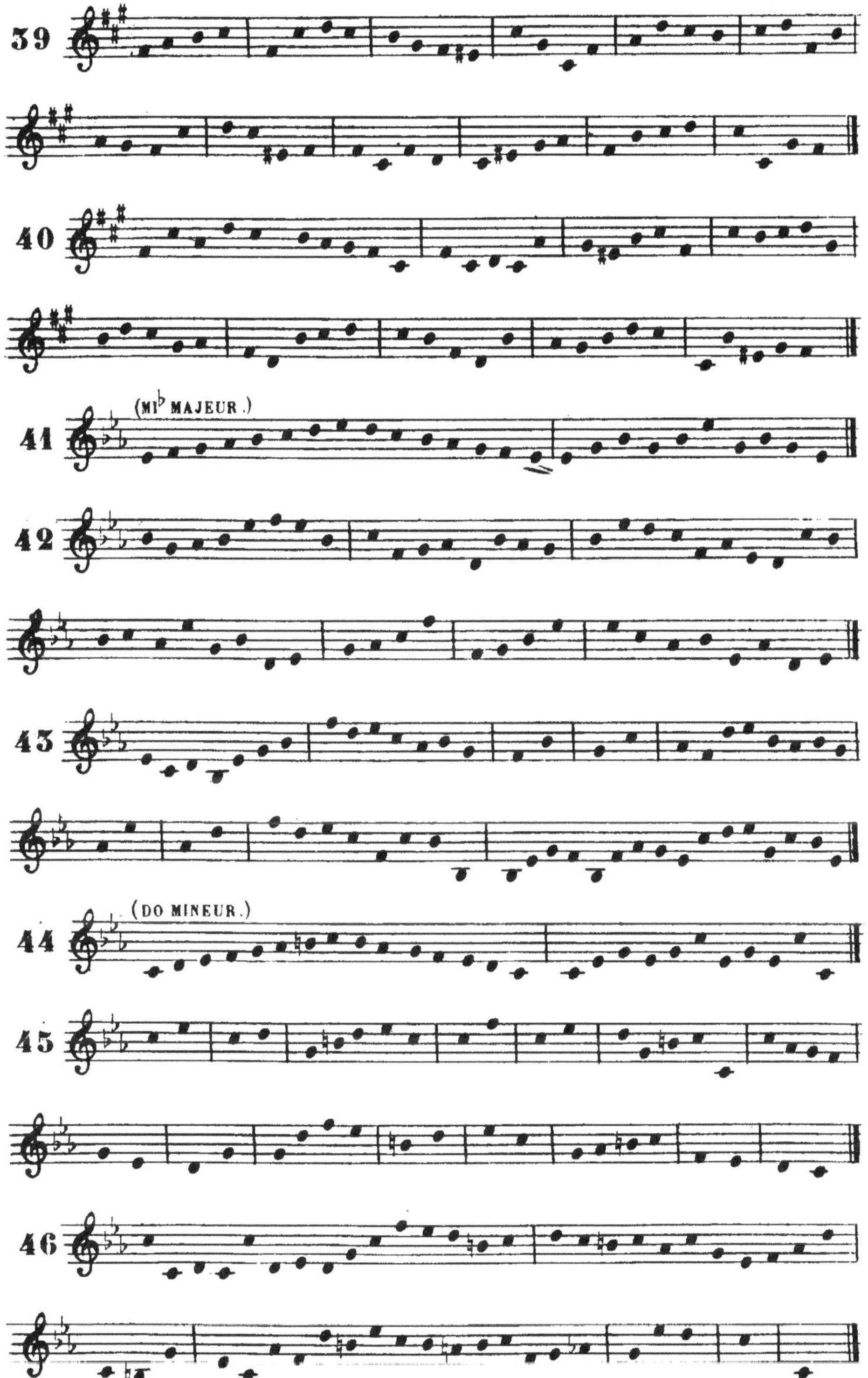
39
40
41 (MI♭ MAJEUR.)
42
43
44 (DO MINEUR.)
45
46

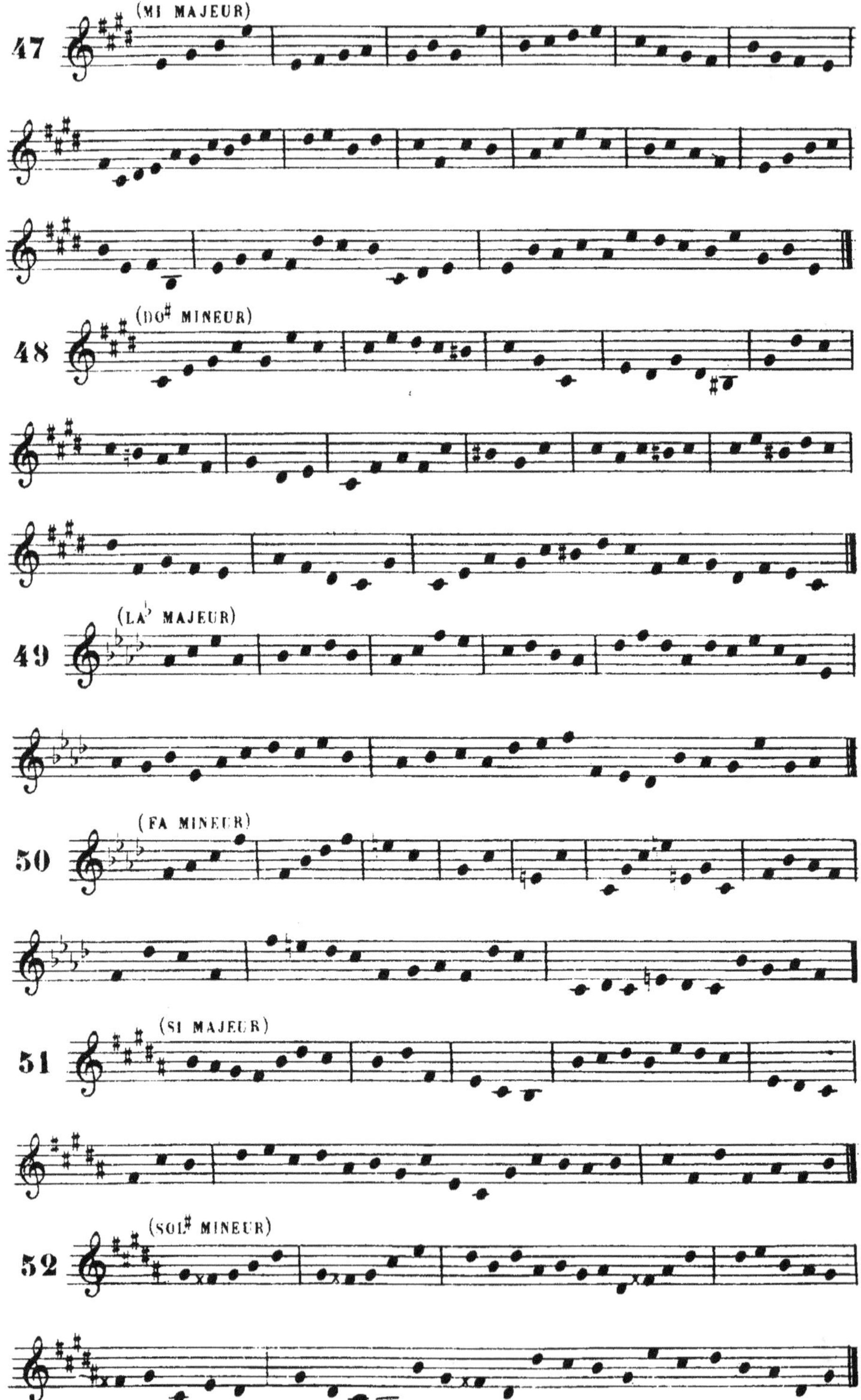
47
(MI MAJEUR)
48
(DO# MINEUR)
49
(LA♭ MAJEUR)
50
(FA MINEUR)
51
(SI MAJEUR)
52
(SOL# MINEUR)

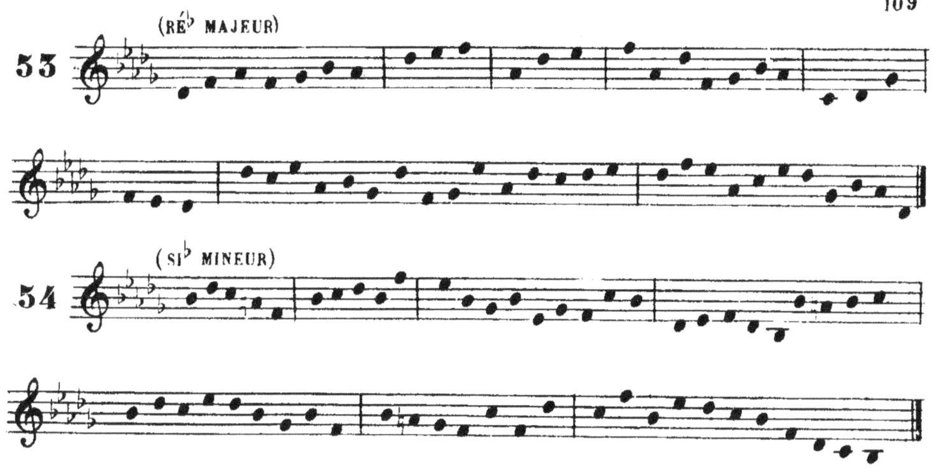

EXERCICES CHROMATIQUES.

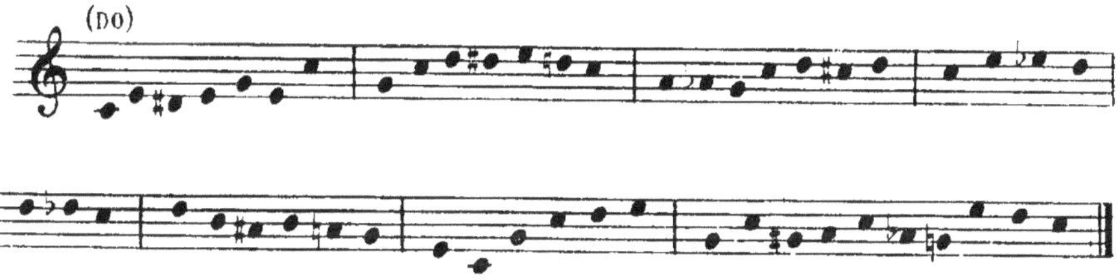

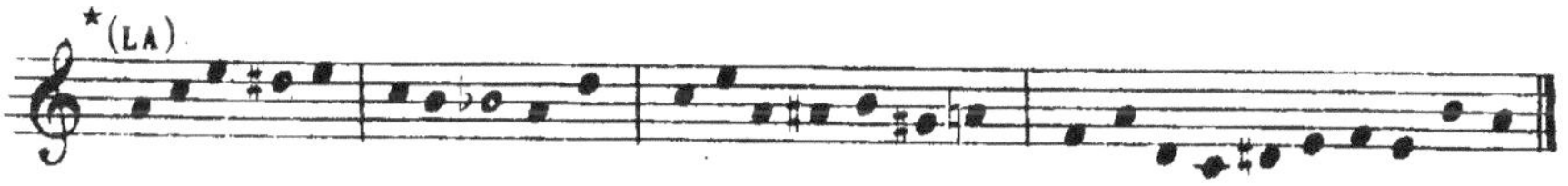

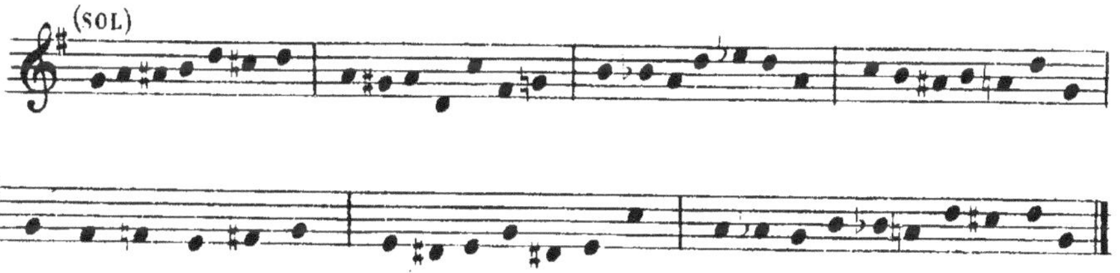

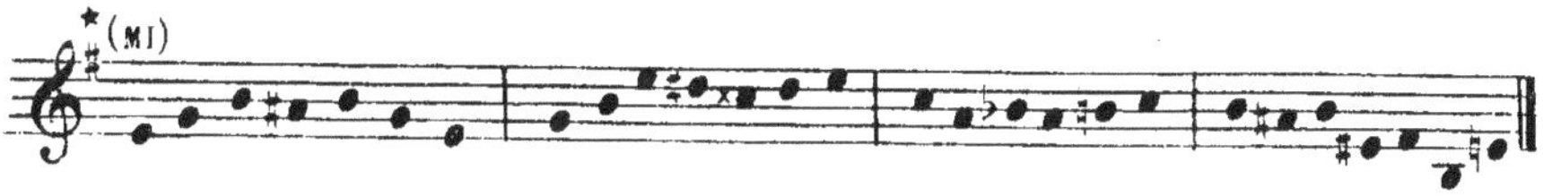

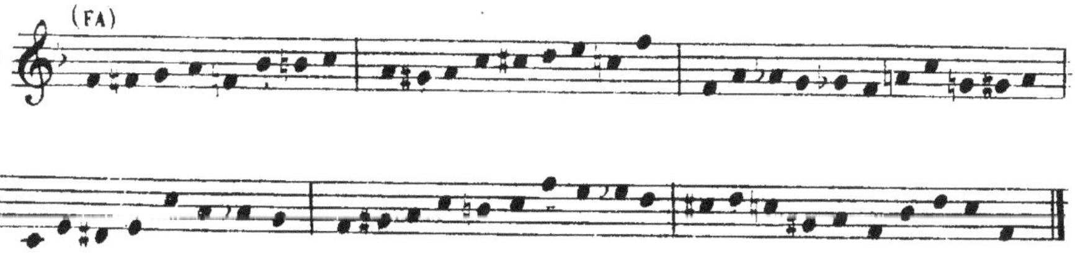

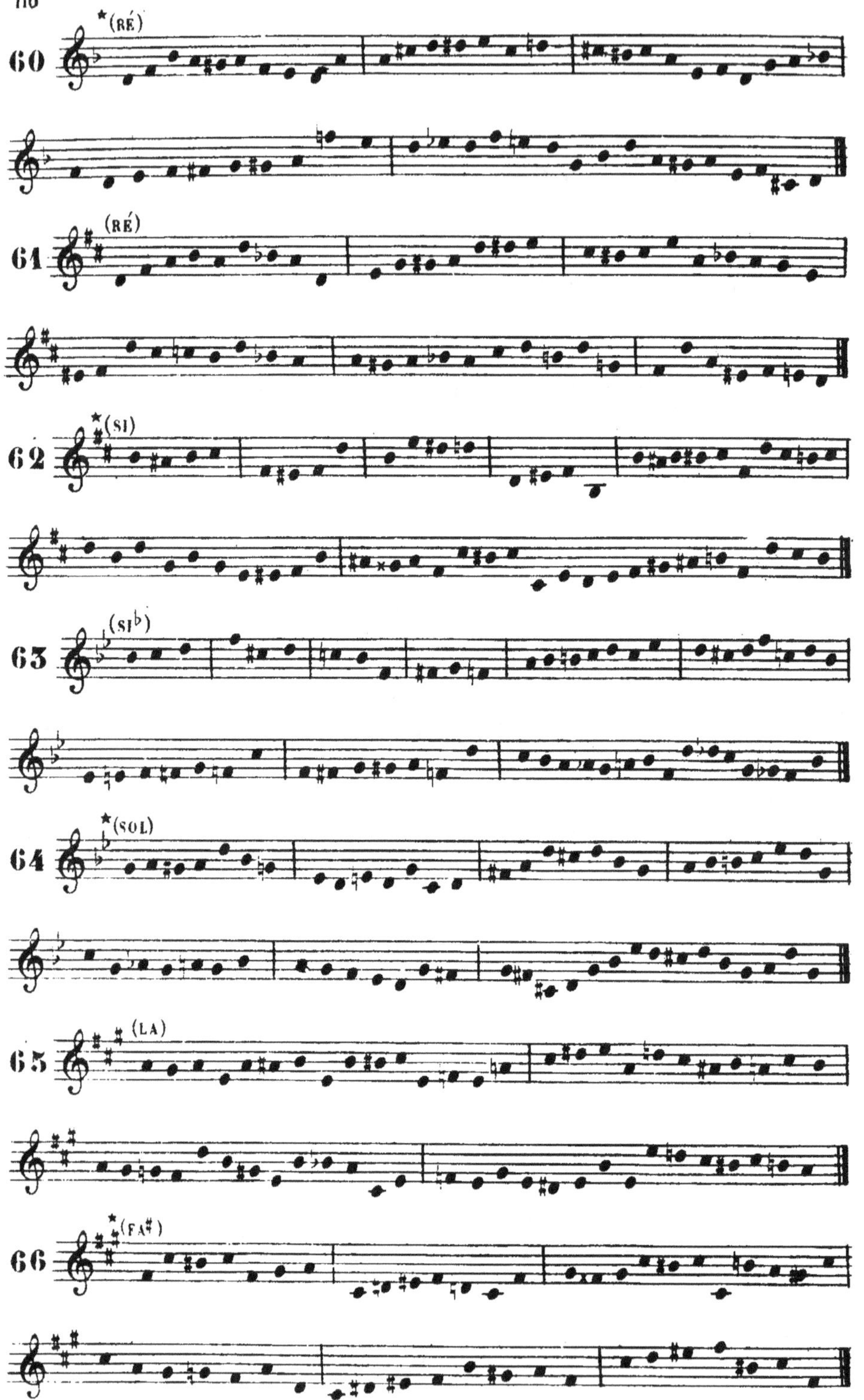
60 *(RÉ)
61 (RÉ)
62 *(SI)
63 (SI♭)
64 *(SOL)
65 (LA)
66 *(FA#)

EXERCICES A DEUX PARTIES

Les notes liées ne doivent pas être répétées.

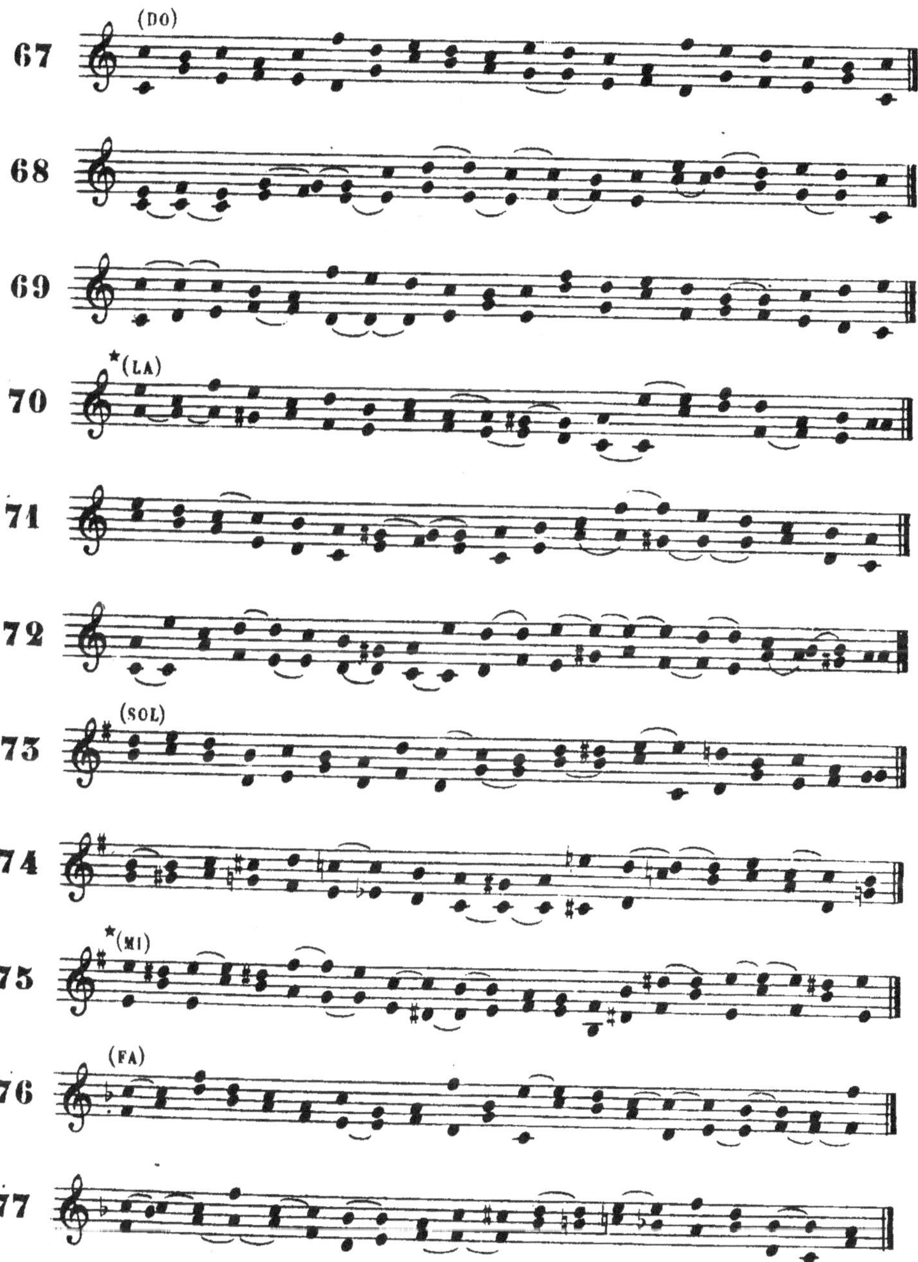

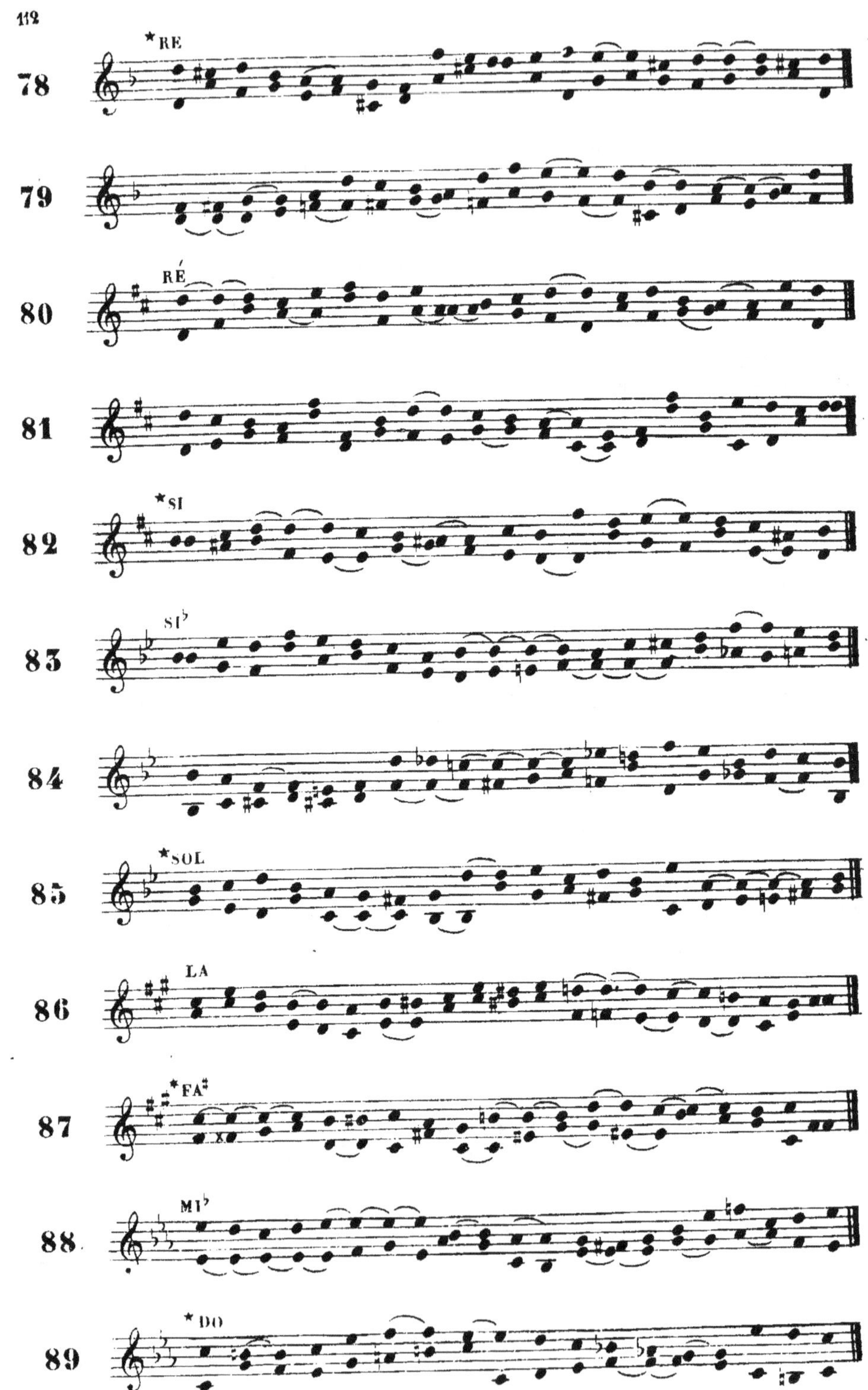
78 *RE
79
80 RÉ
81
82 *SI
83 SI♭
84
85 *SOL
86 LA
87 *FA♯
88 MI♭
89 *DO

SECTION III.

ABRÉGÉ DES PRINCIPES DE LA MUSIQUE.

SIGNES EMPLOYÉS POUR L'INTONATION.

Les signes employés pour l'écriture de tous les sons de l'échelle musicale sont:

1? La *portée*, figure composée de cinq lignes parallèles 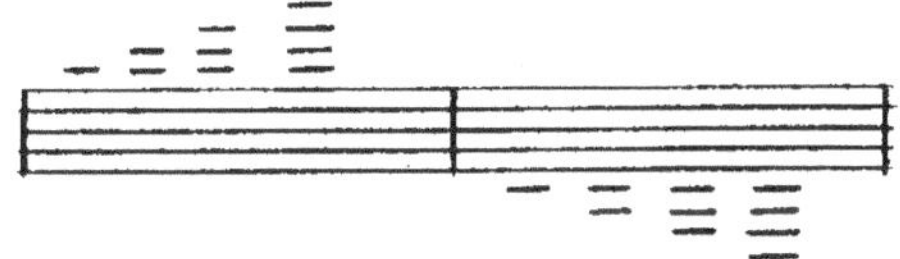 et les petites lignes supplémentaires qui se placent au dessus ou au dessous de la portée.

2? Les notes:

3? Les clefs: clef de *Sol*, clef de *Fa*, clef *d'Ut* ou de *Do*.

4? Les accidents: dièze ♯, bémol ♭, bécarre ♮, double-dièze x, double-bémol ♭♭

Les lignes de la portée se comptent de bas en haut.

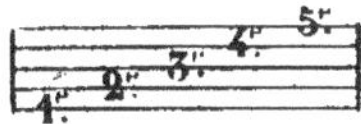

On écrit les notes sur les lignes de la portée ou dans les interlignes.

On place aussi une note au dessus et une au dessous de la portée.

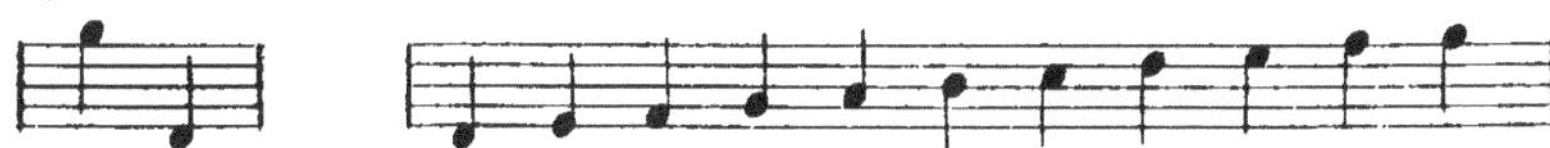

Enfin, on écrit des notes sur les lignes supplémentaires au dessus et au dessous de la dernière, et dans les interlignes.

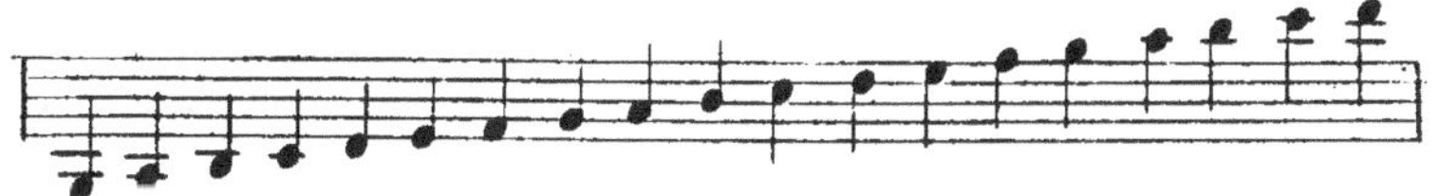

Les notes ainsi placées n'ont encore aucun nom.

Il y a sept noms de notes: *Do, Ré, Mi, Fa, Sol, La, Si.*

La détermination du nom des notes se fait par le moyen d'une clef placée au commencement de la portée.

Il y a sept clefs, savoir: une clef de *Sol*, deux clefs de *Fa* et quatre clefs *d'Ut*; mais on n'emploie généralement que la clef de *Sol* et la clef de *Fa* 4me.

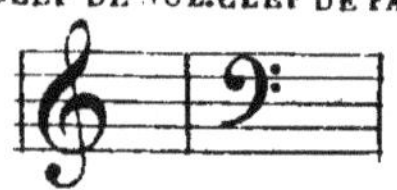

La clef de *Sol* donne son nom à la note placée sur la seconde ligne.

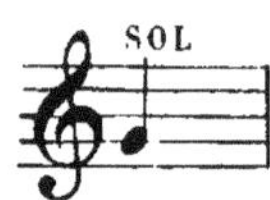

La clef de *Fa* donne son nom à la note placée sur la quatrième ligne

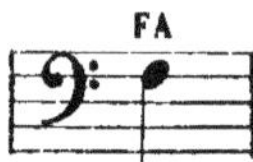

Les noms des notes placées sur les degrés consécutifs de la portée se succèdent toujours dans l'ordre suivant: en montant, *Do, Ré, Mi, Fa, Sol, La, Si, Do, Ré, Mi, Fa, Sol, La, Si, Do, Ré* etc; en descendant, *Do, Si, La, Sol, Fa, Mi, Ré, Do, Si, La, Sol, Fa, Mi, Ré, Do, Si,* etc.

Par conséquent, avec la clef de *sol* les notes placées sur la portée reçoivent les noms suivants:

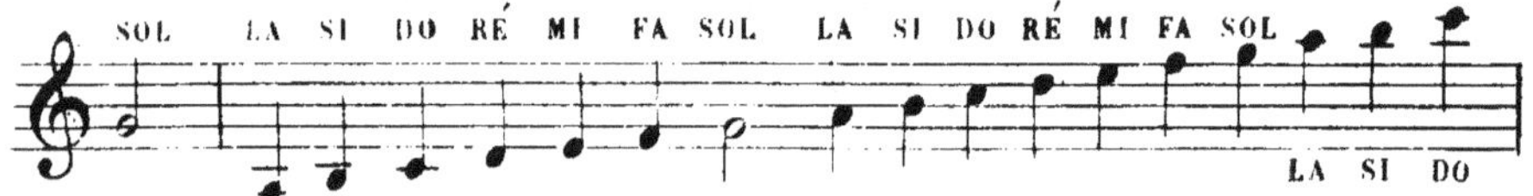

Avec la clef de *Fa* les notes prennent les noms suivants:

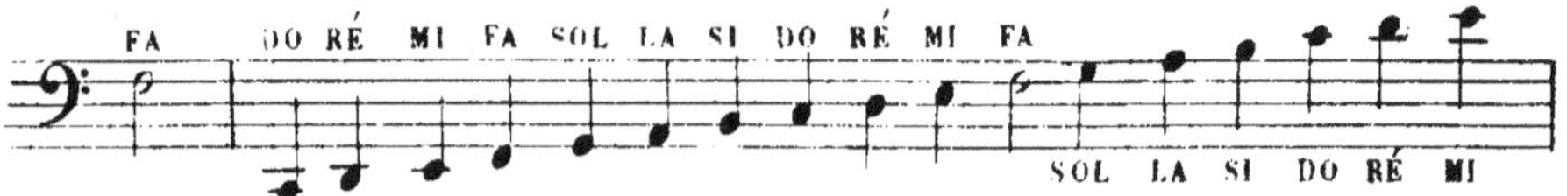

Chaque note, au moyen des *accidents*, peut désigner plusieurs sons différents ayant un nom commun.

EXEMPLE
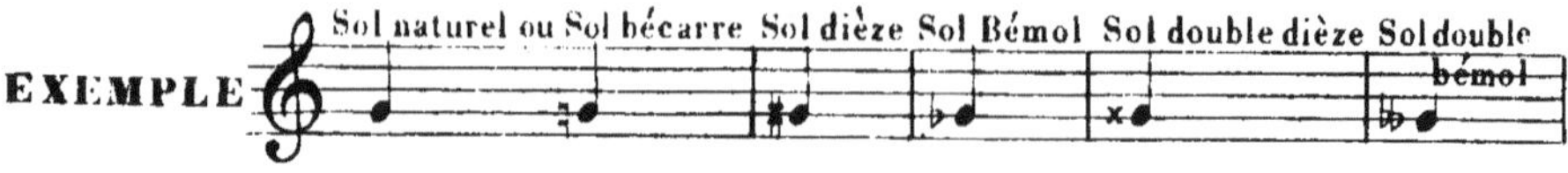

Lorsqu'une note est précédée d'un accident, toutes les notes de même nom, contenues dans la même mesure, sont supposées précédées de cet accident.

EXEMPLE 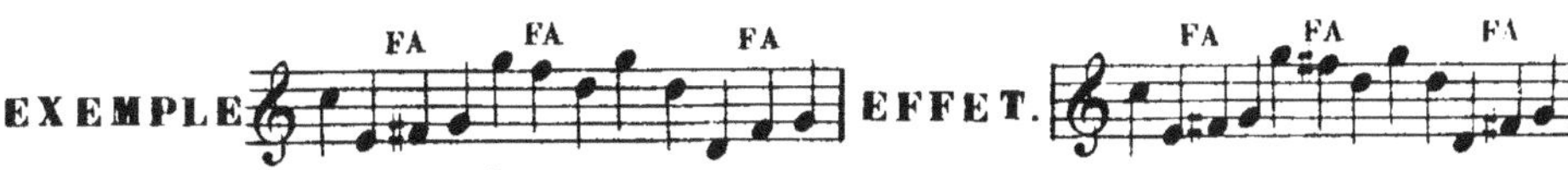 EFFET.

Le dièze ♯ élève le son naturel d'un demi-ton.
Le double dièze ✕ élève le son naturel de deux demi-tons.
Le bémol ♭ abaisse le son naturel d'un demi-ton.
Le double bémol ♭♭ abaisse le son naturel de deux demi-tons.
Le bécarre ♮ rétablit le son naturel en détruisant l'effet des autres accidents.
On place aussi les accidents à la clef; dans ce cas, toutes les notes de même nom sont supposées précédées des accidents qui sont à la clef.

EXEMPLE 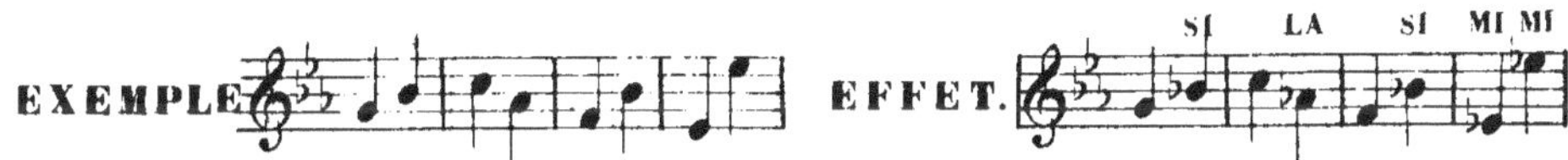 EFFET.

(Nota) Les doubles dièzes et les doubles bémols ne se placent pas à la clef.
Les accidents placés après la clef constituent ce qu'on appelle *l'armure* de la clef.

Les dièzes de l'armure sont toujours placés dans l'ordre suivant:

Fa, Do, Sol, Ré, La, Mi, Si.

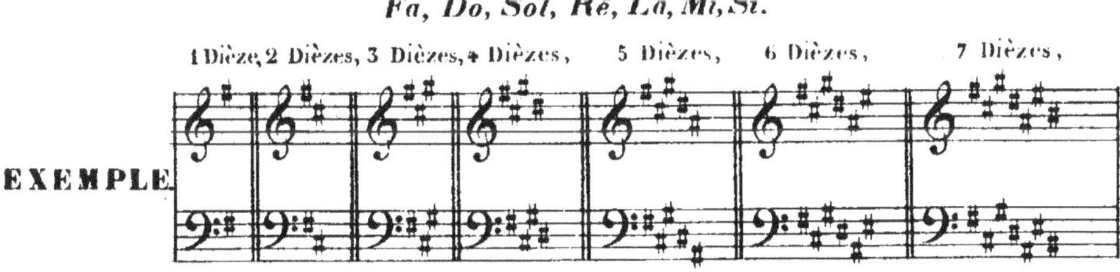

Les bémols de l'armure sont toujours placés dans l'ordre suivant:

Si, Mi, La, Ré, Sol, Do, Fa.

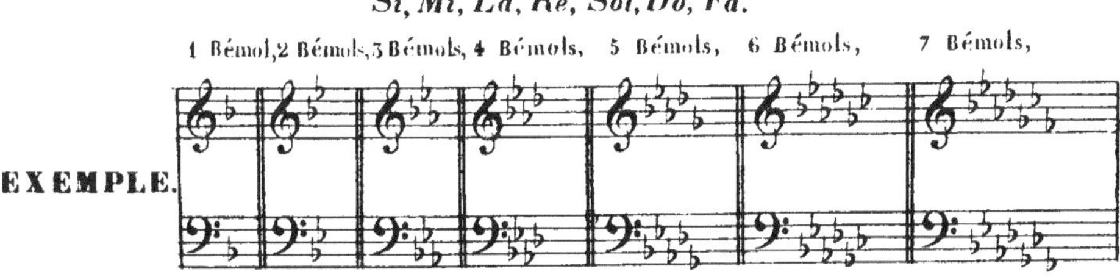

SIGNES EMPLOYÉS POUR LE RHYTHME.

Il y a sept figures de notes, qui sont :

La ronde.. O

La blanche ....

La noire..

La croche..   ou

La double-croche ....   ou

La triple-croche ....   ou

La quadruple-croche ....   ou

Ces diverses figures de notes se placent sur la portée ou sur les lignes supplémentaires.

Chacune de ces figures indique une durée double de celle indiquée par la figure suivante.

Par exemple, si l'on convient qu'un son représenté par une *noire* durera une seconde.

Une ronde .... O   durera   4   secondes.

Une blanche ....   durera   2   secondes.

Une noire ....   *durera*   1   *seconde.*

Une croche ....   durera $\frac{1}{2}$ seconde.

Une double-croche ....   durera $\frac{1}{4}$ seconde.

Une triple-croche............   durera $\frac{1}{8}$ seconde.

Une quadruple-croche........   durera $\frac{1}{16}$ seconde.

Le *rapport* de grandeur de la durée représentée par un signe rhythmique est ce qu'on nomme sa *valeur*.

Ainsi, on dit qu'une blanche *vaut* deux noires, parceque la durée d'une blanche est égale à celle de deux noires ; de même on dit qu'une noire vaut la moitié d'une blanche parceque la durée d'une noire est égale à la moitié de la durée d'une blanche.

Il y a sept figures de silences, qui sont:

La pause .... ▬   qui équivaut à la .... o

La demi pause .... ▬   qui équivaut à la .... ♩

Le soupir .... ♪   qui équivaut à la .... ♩

Le demi soupir........................... ↱   qui équivaut à la .... ♪

Le quart de soupir .... ♪   qui équivaut à la .... ♪

Le huitième de soupir.................... ♪   qui équivaut à la .... ♪

Le seizième de soupir .... ♪   qui équivaut à la .... ♪

(Nota) On place la pause au dessous de la 4.ᵐᵉ ligne, et la demi-pause au dessus de la 3.ᵐᵉ

Autrefois, on employait le signe ▯ appelé *brève*, qui vaut deux rondes, et dont le silence correspondant est le *bâton de deux pauses*;

et le signe ▭ appelé *maxime* ou *note carrée*, qui vaut quatre rondes, et dont le silence correspondant est le bâton de quatre pauses.

Lorsqu'on place un point après un signe rhythmique, la durée de ce signe est augmentée de moitié.

Une ronde pointée .... o •   vaut trois blanches .... ♩♩♩

Une blanche pointée.................... ♩•   vaut trois noires .... ♪♪♪

Une noire pointée .... ♪ •   vaut trois croches .... ♪♪♪

Une croche pointée .... ♪•   vaut trois doubles croches.... ♪♪♪

Lorsque deux ou plusieurs notes sont liées ensemble, elles représentent une durée égale à la somme des figures.

EXEMPLE. Une ronde et une blanche réunies par une liaison o ♩ représentent une durée égale à une ronde plus une blanche.

Le *point d'Orgue* ⌒ se place sur une note ou sur un silence, son effet est de suspendre la mesure pour un temps indéterminé.

DES DIFFÉRENTES MESURES.

Un morceau de musique est généralement divisé en un certain nombre de *phrases*; chaque phrase contient un certain nombre de *mesures* (le plus souvent 4 ou 8), et chaque mesure est divisée en plusieurs *temps*.

On appelle *mesure*, l'espace compris entre deux *barres de mesures*.

1re mesure 2me mesure 3me mesure 4me mesure

Les temps se divisent également en plusieurs parties, et chacune de ces parties peut être divisée à son tour.

Les différentes mesures contiennent un, deux, trois ou quatre temps. On les appelle *mesures simples* lorsque les temps sont représentés par des figures simples (non pointées) et *mesures composées* lorsque les temps sont représentés par des figures pointées.

On indique les différentes mesures par deux chiffres, un *numérateur* et un *dénominateur* **EXEMPLE** $\frac{1}{2}\ \frac{2}{4}\ \frac{3}{4}\ \frac{4}{8}\ \frac{6}{4}\ \frac{9}{8}\ \frac{12}{16}$

Dans les mesures *simples*, le chiffre supérieur (numérateur) est toujours 1, 2, 3 ou 4; il indique le nombre de *temps* contenus dans la mesure. Le chiffre inférieur (dénominateur) désigne la *fraction de ronde* qui doit représenter chaque temps.

TABLEAU DES MESURES SIMPLES.

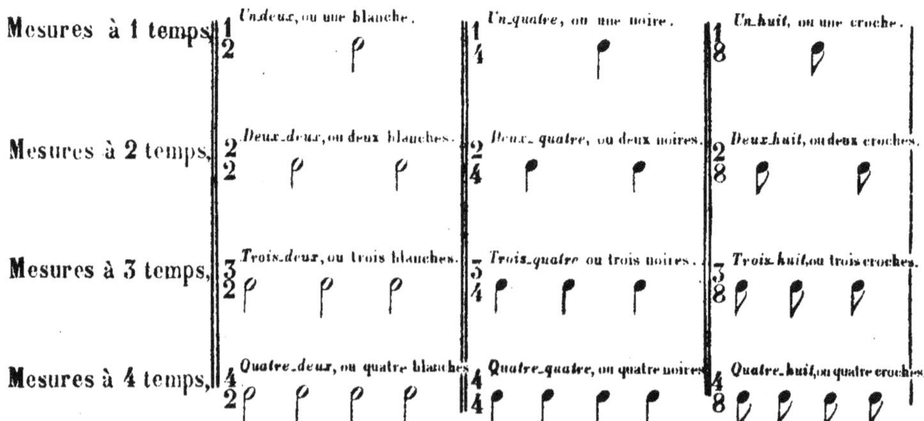

Par abréviation, on indique souvent :

La mesure à $\frac{4}{4}$ par 4 ou **C**,

La mesure à $\frac{3}{4}$ par 3,

La mesure à $\frac{2}{2}$ par 2 ou **¢**.

Dans les mesures *composées*, le chiffre supérieur est 3, 6, 9 ou 12; il indique le nombre de *tiers de temps* contenus dans la mesure. Le chiffre inférieur désigne la fraction de ronde qui doit représenter chaque tiers de temps.

TABLEAU DES MESURES COMPOSÉES.

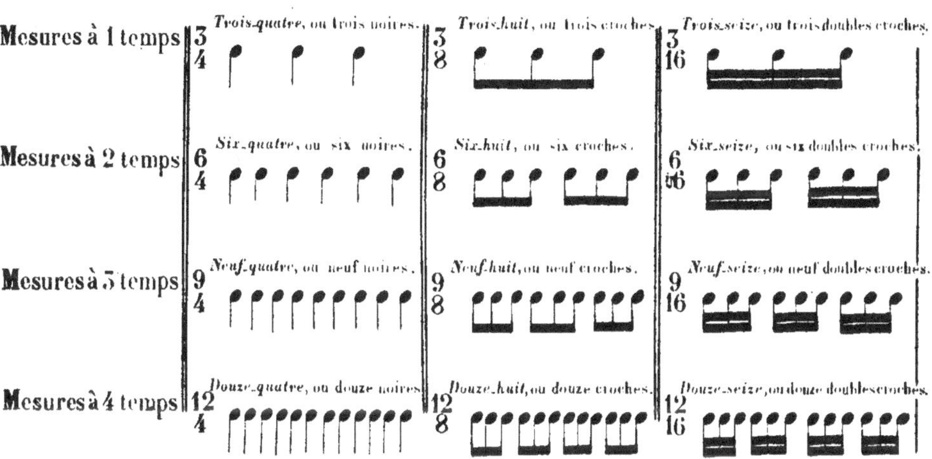

(Nota) Les mesures à $\frac{3}{4}$, $\frac{3}{8}$ et $\frac{3}{16}$ sont *simples* lorsqu'on les compte à trois temps; elles deviennent *composées* lorsqu'on les compte à un temps.

DES TEMPS FORTS, DES TEMPS FAIBLES, ET DE LA SYNCOPE.

On distingue, dans les différentes mesures, des temps forts et des temps faibles.

Dans les mesures à deux temps, le premier temps est fort et le deuxième est faible.

Dans les mesures à trois temps, le premier temps est fort et les deux autres faibles.

Dans les mesures à quatre temps, le premier et le troisième temps sont forts, le deuxième et le quatrième sont faibles.

Dans les mesures à un temps, le temps est toujours fort.

Enfin, dans les divisions et subdivisions des temps on retrouve également des parties fortes de deux en deux ou de trois en trois

On appelle *syncope*, une note qui commence sur un temps faible ou une partie faible de temps, et qui se prolonge sur un temps fort ou une partie forte de temps.

DU TRIOLET ET DU SIXAIN.

Lorsqu'une figure simple (non pointée) est divisée par trois, les groupes de valeurs qui en résultent prennent le nom de *triolets*. On les indique par le chiffre 3.

EXEMPLE: diverses formes de triolets.

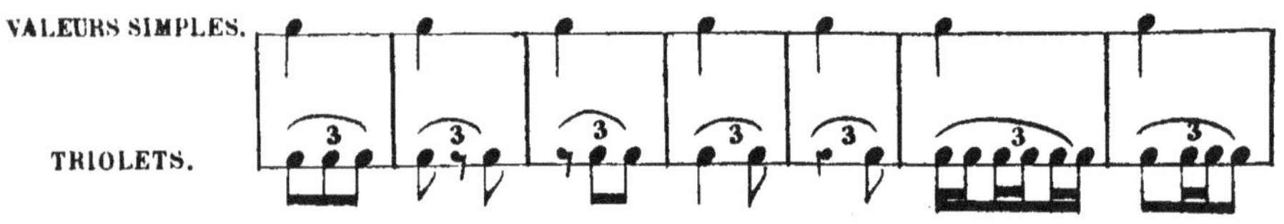

On réunit quelquefois deux triolets voisins en un seul groupe que l'on nomme *triolet double* ou sixain. On l'indique alors par le chiffre 6.

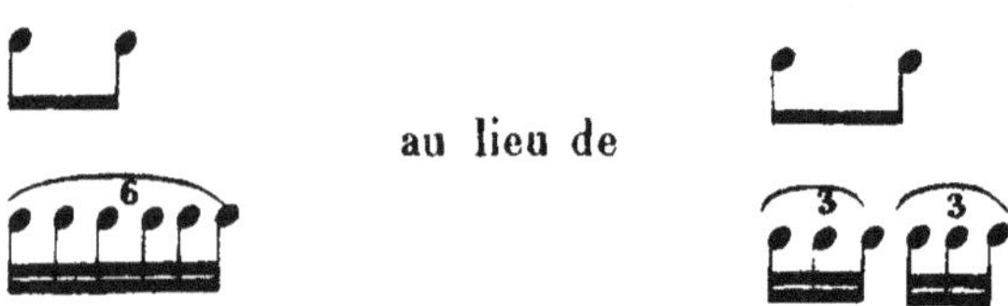

au lieu de

DES SIGNES DE RENVOI.

Les principaux signes de renvoi, sont: le renvoi, les barres de reprise, et le *Da capo*

Le renvoi ❊ est un signe qui indique qu'il faut reprendre à l'endroit ou se trouve un signe semblable.

Les barres de reprises sont des barres doubles avec deux points

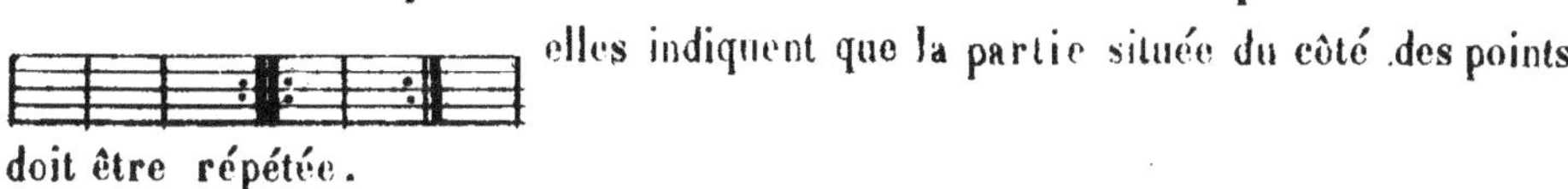

elles indiquent que la partie située du côté .des points doit être répétée.

Le *Da capo* (par abréviation D C) indique qu'il faut retourner au commencement.

DES INTERVALLES.

On appelle *intervalle* tout accord formé de deux sons.

INTERVALLES

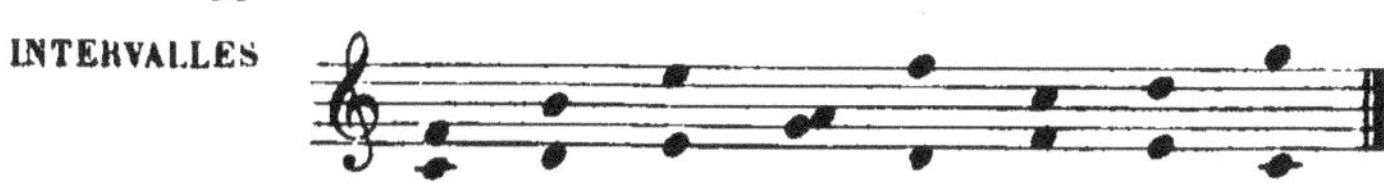

Le mot *intervalle* sert également à désigner la distance qui sépare deux sons.

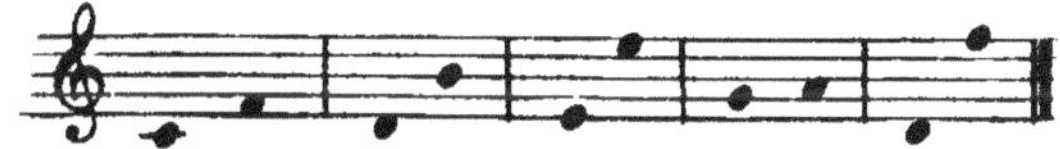

D·ns le premier cas, on dit: *Do Fa* est une quarte, *Ré Si* est une sixte, etc

Dans le second, on dit: l'intervalle de *Do* à *Fa* est une quarte, l'intervalle de *Ré* à *Si* est une sixte.

Chaque intervalle reçoit un nom correspondant au nombre de degrés qu'il embrasse.

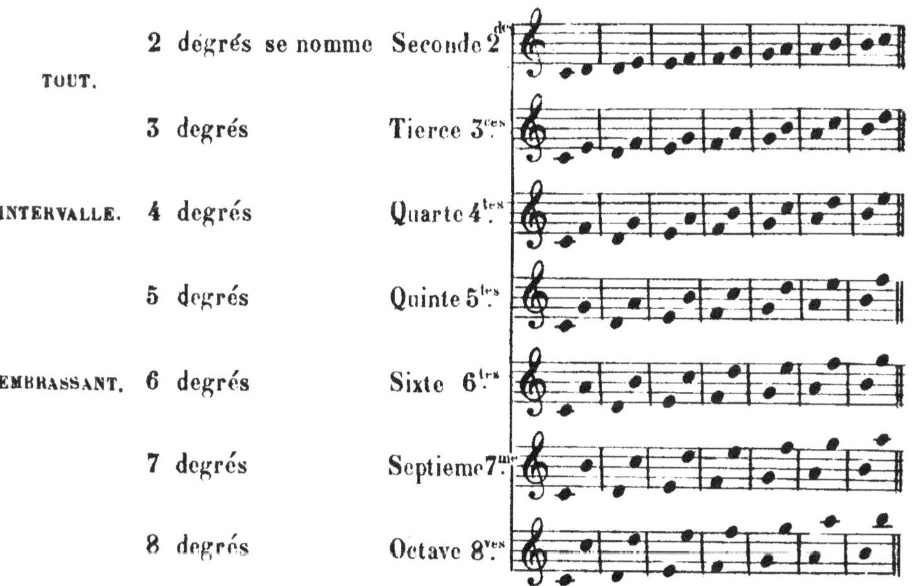

TOUT.	2 degrés se nomme Seconde 2^{de}	
	3 degrés Tierce 3^{ces}	
INTERVALLE.	4 degrés Quarte 4tes	
	5 degrés Quinte 5tes	
EMBRASSANT.	6 degrés Sixte 6tes	
	7 degrés Septieme 7mes	
	8 degrés Octave 8^{ves}	

Les secondes formées par des notes naturelles n'ont pas toutes la même grandeur; on distingue les secondes majeures ou *tons*, et les secondes mineures ou *demi-tons*.

Les secondes *Mi Fa* et *Si Do* sont mineures; c'est-à-dire qu'elles forment chacune un demi-ton. Les cinq autres secondes sont majeures; c'est-à-dire qu'elles forment chacune un ton.

EXEMPLE.

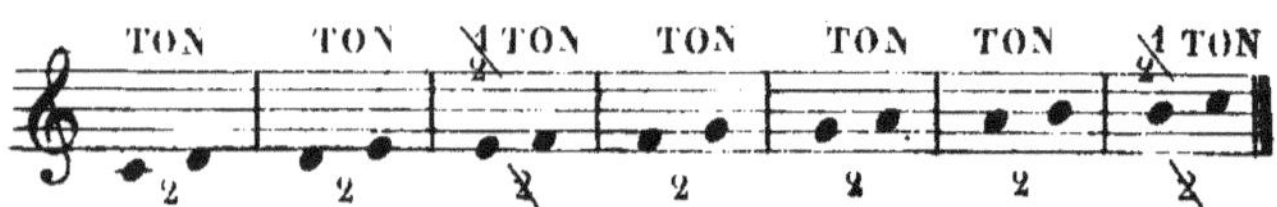

(Nota) Les chiffres simples désignent des intervalles majeurs, et les chiffres barrés indiquent des intervalles mineurs.

Les *tierces* et les *quartes*, formées par des notes naturelles, sont *mineures* lorsqu'elles contiennent l'un des demi-tons *Mi Fa* ou *Si Do*; elles sont *majeures* lorsqu'elles n'en contiennent pas.

EXEMPLE.

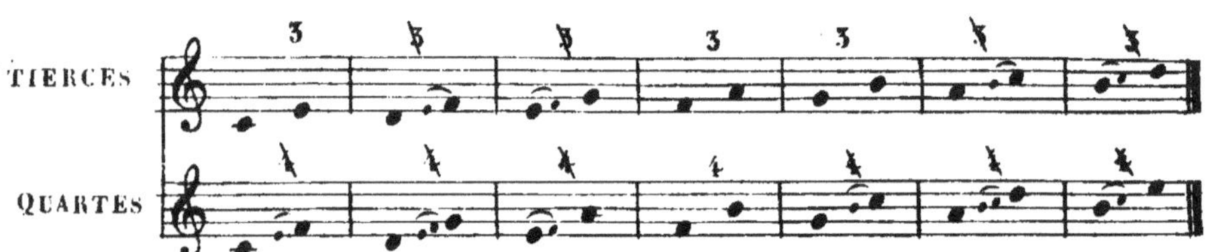

Les *quintes*, *sixtes* et *septièmes*, formées par des notes naturelles, sont *mineures* lorsqu'elles contiennent les deux demi-tons *Mi Fa* et *Si Do*; elles sont *majeures* lorsqu'elles n'en contiennent qu'un.

EXEMPLE.

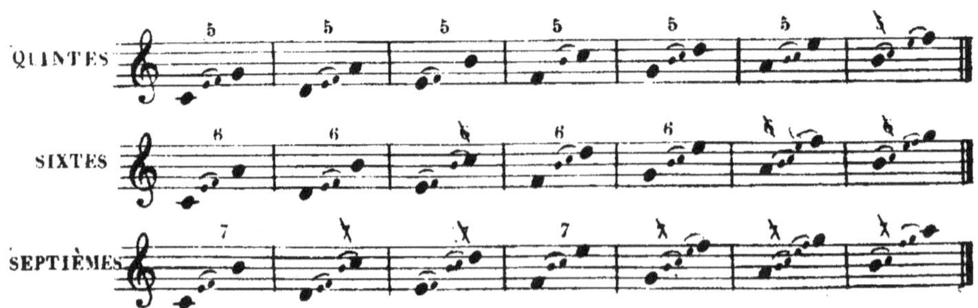

Un intervalle majeur devient mineur si l'on abaisse d'un demi-ton la note supérieure, ou si l'on élève d'un demi-ton la note inférieure.

(Nota) Tout intervalle plus petit que mineur est *diminué*.

EXEMPLE.

INTERVALLES MAJEURS RENDUS MINEURS.

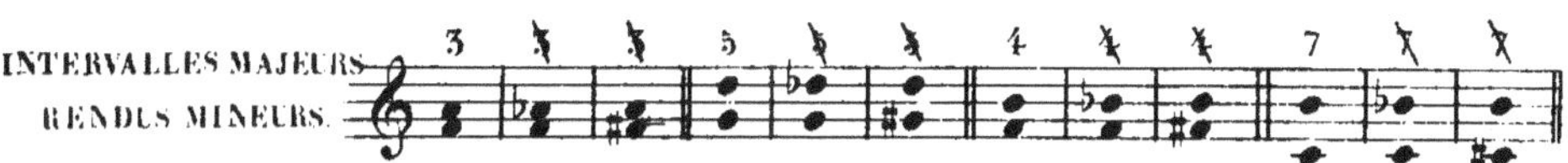

Un intervalle mineur devient majeur si l'on élève d'un demi-ton la note supérieure ou si l'on abaisse d'un demi-ton la note inférieure.

(Nota) Tout intervalle plus grand que majeur est *augmenté*.

EXEMPLE.

INTERVALLES MINEURS RENDUS MAJEURS.

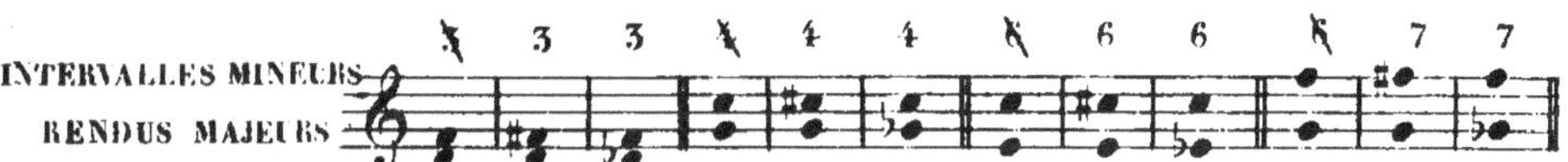

RENVERSEMENT DES INTERVALLES.

On appelle renverser un intervalle, remplacer la note grave par son octave supérieure.

EXEMPLE.

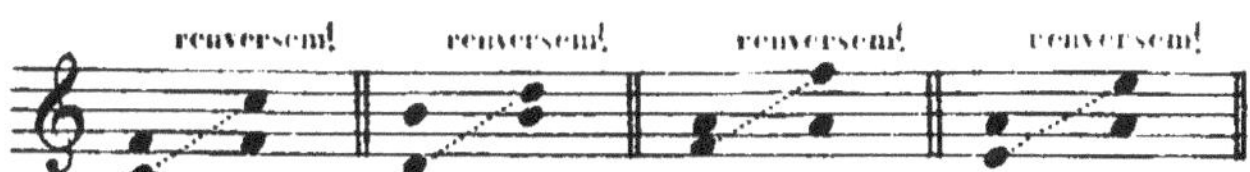

Un intervalle mineur étant renversé produit un intervalle majeur, et réciproquement.

On verra dans le tableau suivant que, par le renversement, les secondes produisent les septièmes, les tierces produisent les sixtes, les quartes produisent les quintes, et réciproquement.

(Renversements) 7   6   5   4   5   2

(Intervalles)   2   3   4   5   6   7

(Remarque) En additionnant le chiffre qui représente un intervalle avec celui qui représente son renversement, on obtient toujours le total 9.

DU TON.

Un *ton* est composé de sept notes principales qu'on appelle *notes diatoniques*; ces sept notes rangées suivant leur ordre de gravité, en commençant par la plus importante (*la tonique*) constituent la gamme du ton.

Chacune des sept notes d'une gamme y remplit une *fonction tonale* qui lui donne un caractère spécial.

NOMS DES FONCTIONS TONALES.

Le septième degré se nomme *Sensible*, ... représenté par 7

Le sixième degré se nomme *sous-sensible*,[1]... représenté par ....6 ou 6

Le cinquième degré se nomme *Dominante*..... représenté par 5

Le quatrième degré se nomme *sous-dominante*, représenté par 4

Le troisième degré se nomme *Médiante*, ... représenté par ....3 ou 3

Le second degré se nomme *sous-médiante*,[1] représenté par 2

Le premier degré se nomme *Tonique*, ... représenté par 1

Chaque chiffre indique l'intervalle formé par la fonction qu'il représente et la tonique.

Le ton a deux modes; l'un majeur, l'autre mineur.

On dit que le ton est majeur, lorsque la *médiante* et la *sous-sensible* forment avec la tonique une tierce et une sixte majeures.

On dit, au contraire, que le ton est mineur, lorsque la médiante et la sous-sensible forment avec la tonique une tierce et une sixte mineures.

On appelle *tons relatifs*, deux tons, l'un majeur et l'autre mineur, ayant la même armure à la clef.

Le ton relatif mineur est toujours à une tierce mineure au dessous du ton majeur.

(1) On dit aussi: *sus-dominante* pour le sixième degré, et *sus-tonique* pour le second.

L'armure de la clef fait connaître les deux tons relatifs dans l'un des quels un morceau de musique est écrit.

Ainsi, lorsqu'il y a des dièzes à la clef, il suffit de considérer le dernier dièze; la tonique majeure est un degré au *dessus* et la tonique mineure est un degré au *dessous*.

EXEMPLE.

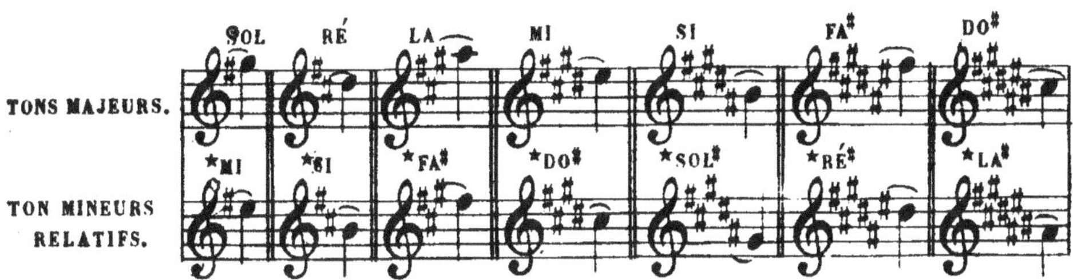

Lorsqu'il y a des bémols à la clef, il faut regarder l'avant dernier bémol qui est la tonique du ton majeur, et chercher la tonique mineure une tierce au dessous.

EXEMPLE.

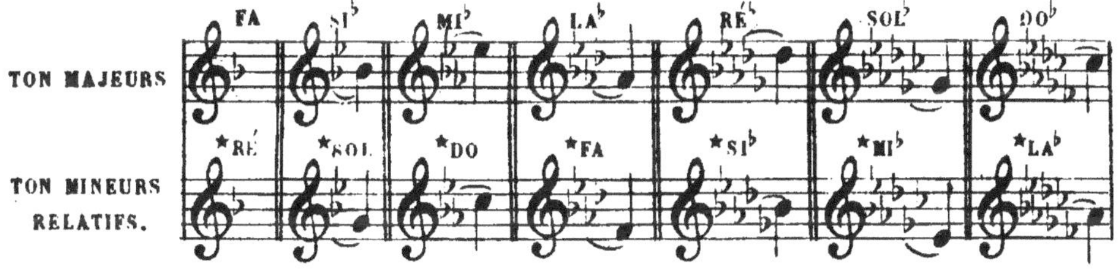

Pour déterminer dans lequel des deux tons relatifs désignés par l'armure un morceau est écrit, le moyen le plus simple est de rechercher la dominante du ton majeur.

Si cette dominante est élevée d'un demi-ton par un accident, le morceau est en mineur; si, au contraire, la dominante n'est pas altérée, le morceau est en majeur.

Pour les cas douteux, on peut s'assurer du ton en regardant la dernière note de la basse à la fin du morceau; cette dernière note est toujours la Tonique.

On peut aussi déterminer le ton en recherchant les notes de *l'accord parfait* de tonique.

L'accord parfait de tonique est composé de la *tonique*, la *médiante* et la *dominante*.

EXERCICES THÉORIQUES JOURNALIERS.

GAMMES ET FONCTIONS TONALES.

On exercera souvent l'élève:

1°. à nommer les notes de différentes gammes;

2°. à nommer les fonctions tonales des notes qu'on lui désignera;

3°. à nommer les notes correspondant aux fonctions qu'on lui indiquera.

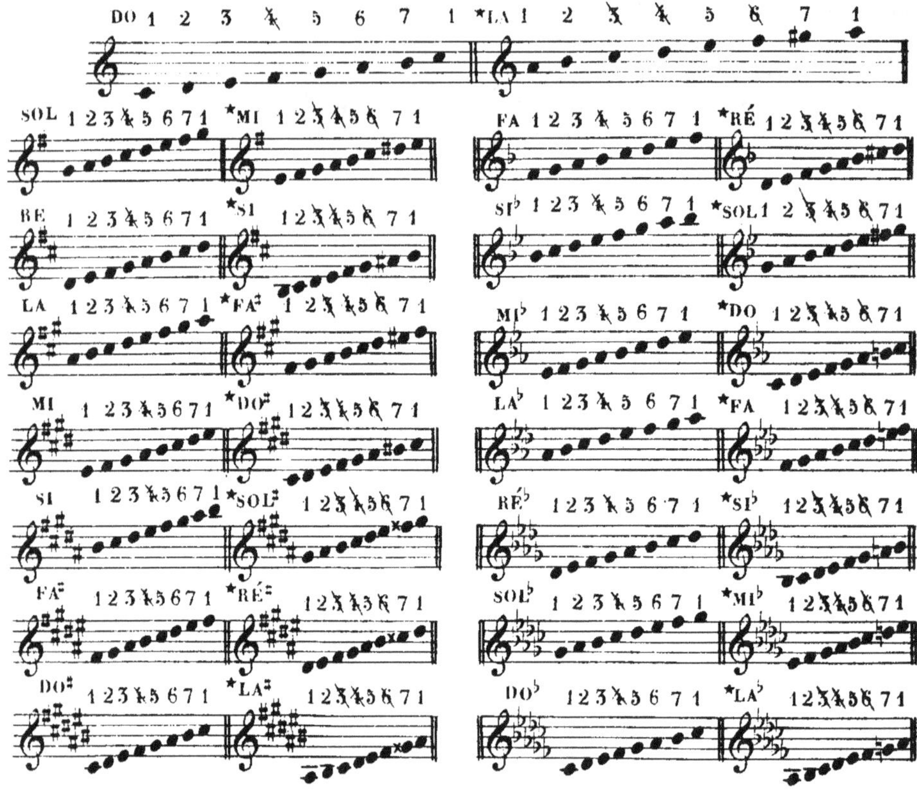

On lira l'exercice suivant dans différents tons.

Enfin, on fera copier des solfèges en mettant au dessus de chaque note le chiffre correspondant à sa fonction tonale.

INTERVALLES.

Dans la première série d'exercices ci-dessous, on trouvera tous les intervalles en notes naturelles modifiés, les intervalles mineurs rendus majeurs, et les intervalles majeurs rendus mineurs.

PREMIÈRE SÉRIE.

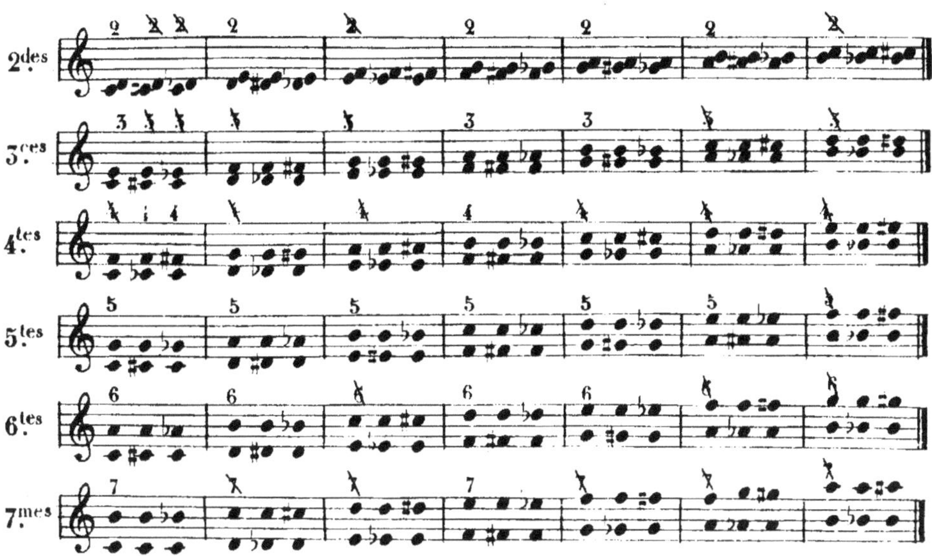

. La deuxième série contient des intervalles *transposés*. On remarquera que la transposition d'un intervalle ne change pas sa nature.

DEUXIÈME SÉRIE.

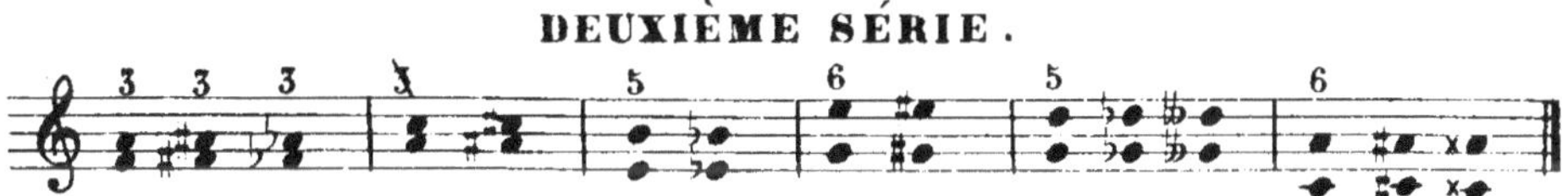

Dans la troisième série, l'élève désignera les intervalles.

TROISIÈME SÉRIE.

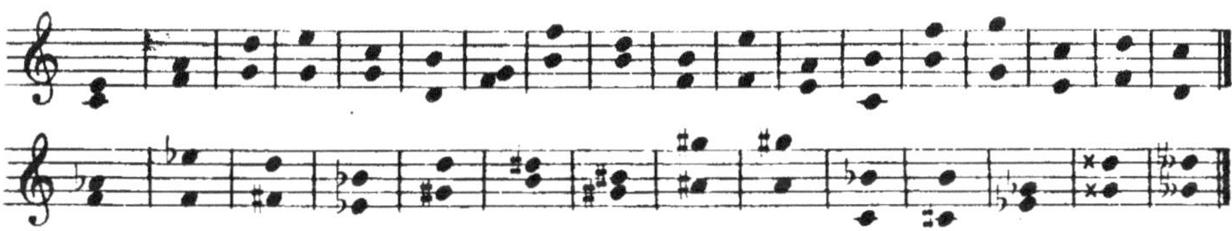

Dans la quatrième série, l'élève désignera les notes qui forment les intervalles indiqués par les chiffres.

QUATRIÈME SÉRIE.

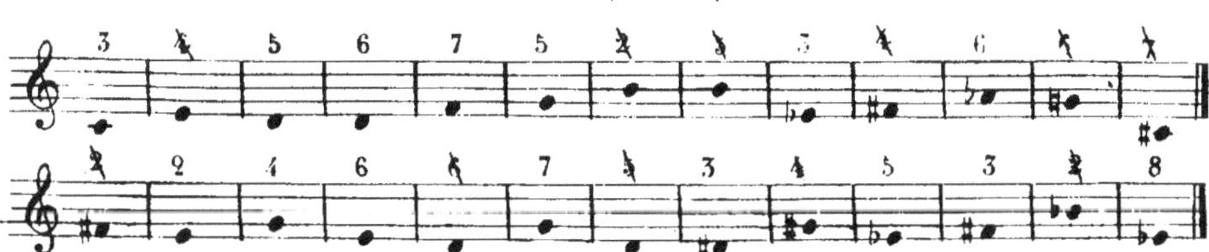

128

EXERCICES SUR LES ARMURES.

L'armure étant donnée, désigner le ton, majeur ou mineur.

ARMURES.

1♯ — 2♭ — 3♯ — 4♭ — 1♭ — 6♯ — 5♭ — 2♯ — 6♭ — 4♯ — 7♭ — 5♯ — 3♭ — 7♯ — 0

2♯ — 5♯ — 4♯ — 1♭ — 7♯ — 2♭ — 6♭ — 5♭ — 1♯ — 3♭ — 4♭ — 3♯ — 7♭ — 0 — 6♯

6♭ — 3♭ — 2♯ — 5♭ — 7♭ — 5♯ — 0 — 6♯ — 4♭ — 7♯ — 4♯ — 2♭ — 6♭ — 4♯ — 3♯

Pour chacune des armures indiquées ci-dessus, l'élève désignera soit le ton majeur, soit le ton mineur, soit l'un et l'autre.

Le ton étant donné, désigner l'armure.

TONS MAJEURS.

DO — FA — RÉ — SI — MI♭ — FA♯ — SOL — MI — SI♭ — LA — RÉ♭ — DO♯ — LA♭ — SOL♭ — DO♭

SI♭ — MI — LA♭ — DO♯ — FA — SOL♭ — RÉ — DO♭ — SI — FA♯ — MI♭ — DO — SOL — LA — RÉ♭

TONS MINEURS. [1]

FA* — DO* — MI* — SOL♯* — LA* — SI♭* — FA♯* — DO♯* — LA♭* — SI* — MI♭* — SOL* — LA♯* — RÉ* — RÉ♯*

SOL* — MI♭* — LA♭* — DO♯* — RÉ♯* — SI* — LA♯* — MI* — DO* — FA♯* — RÉ* — SI♭* — SOL♯* — FA* — LA*

TONS MAJEURS ET MINEURS.

DO — SI* — FA♯ — RÉ — DO* — SI — MI — LA♯* — RÉ♭ — SOL — RÉ* — LA — SI♭ — FA♯ — MI

LA♭* — MI♭ — RÉ♯* — DO♯ — DO♯* — SOL♭ — LA — FA — FA* — SI♭ — LA♭ — MI♭ — DO♭* — SOL♯* — SOL

SI♭ — LA* — DO♭ — SOL — FA* — LA♯* — MI♭ — MI — SOL♯* — FA♯ — RÉ♭ — DO — LA♭* — SI* — RÉ♯

DO♯* — FA♯* — DO — RÉ* — RÉ — SI♭ — MI♭* — DO♯ — LA — FA — LA♭* — SOL* — SI* — MI — SOL♭

Pour chacun des tons indiqués ci-dessus, l'élève désignera l'armure.

---

[1] Les tons mineurs sont toujours surmontés d'un astérisque.

TABLE DES MATIÈRES

SECTION III

ABRÉGÉ DES PRINCIPES DE LA MUSIQUE

EXERCICES THÉORIQUES JOURNALIERS

FIN DE LA TABLE DES MATIÈRES.

Paris, Imp. Arouy. — Fouqueu, 5, rue du Delta, 26